GEHEIME LIEBESZAUBER

Tamara Morgenstern

Bibliografische Information Der Deutschen Bibliothek
Die Deutsche Bibliothek verzeichnet diese Publikation in der Deutschen
Nationalbibliografie; detaillierte bibliografische Daten sind im Internet
über http://dnb.ddb.de abrufbar.

Produktion: Angelika Rekowski
Redaktion: Alexandra Panz
Lektorat: Anja Schwinn
Umschlaggestaltung: Sens, Köln
Satz: So.Wie?So! GmbH, Köln, Karen Kühne, Köln
Druck: Clausen & Bosse, Leck
Printed in Germany

ISBN 3-8025-2567-1
Besuchen Sie unsere Homepage:
www.vgs.de

Geheime Liebeszauber

verschollene Zaubersprüche aus dem
Buch der Schatten

wieder gefunden und niedergeschrieben von
Tamara Morgenstern

INHALT

Ungeahnte Kräfte schlummern in dir

Jeder kann zaubern, man muss nur wissen, wie! Und wenn du es selbst ausprobierst, wirst du feststellen: Es ist viel einfacher, als du denkst. Wichtig ist nur, dass du auf deine innere Stimme hörst – diese wird dir immer den richtigen Weg weisen. Ich kann dir versichern: Auch du kannst deine magischen Kräfte entdecken! Moderne Hexen kennen die Regeln der Natur und versuchen im Einklang mit ihnen zu leben. Alles, was eine Hexe tut, muss mit der Natur und ihren Gesetzen im Einklang stehen. Das gilt auch für die Wirkung von Liebeszaubern.

Zur Vorbereitung und Einstimmung dienen dir feste Rituale. Außerdem werde ich dir einige Dinge vorstellen, mit denen du die Wirkung deiner Magie verstärken kannst. Doch vergesse nie: Wenn du zauberst, muss es immer dein Ziel sein, eine positive Kraft zu entwickeln.

Hexen gibt es schon seit vielen Jahrhunderten. Ihr Wissen haben sie von Generation zu Generation weitergereicht. Einiges wurde später aufgeschrieben, anderes nicht. So gerieten manche ihrer kostbaren Kenntnisse dann irgendwann in Vergessenheit. Beinahe wäre das auch mit den Gedanken und Zaubersprüchen geschehen, die ich hier in diesem Buch gewissenhaft niedergeschrieben habe. Mein ganzes Wissen darüber habe ich von meiner Lehrerin Maja Sonderbergh erhalten. In vielen langen Stunden hat sie mich in die Kunst der Zauberei eingewiesen, hat mir Geheimnisse offenbart und magische Zusammenhänge erklärt. Gemeinsam haben wir Zaubersprüche ausprobiert und Rezepturen erstellt. Deshalb wirst du in diesem Buch auch einiges über Liebeskräuter und verführerische Öle finden.

Ich bin sehr froh und stolz, von meiner Lehrerin so viel gelernt zu haben. Nun will ich meine Kenntnisse mit euch teilen. Ich hoffe, sie bringen euch so viel Glück wie mir!

Trotz allem ist und bleibt die Liebe natürlich ein schwieriges Feld, denn sie folgt ihren eigenen Regeln. Aber mit ein bisschen magischem Fingerspitzengefühl und dem richtigen Zauber lässt sie sich doch beeinflussen – so wie es für dich und den Menschen deines Herzens am besten ist. Und denke immer daran: Eine gute Hexe lernt nie aus. Wende dein Wissen weise an, niemals leichtsinnig oder unbedacht. Unterschätze außerdem nie die Kraft des Wortes. Denn unsere Magie wird oft durch Worte bewirkt – in Zaubersprüchen und deren Unterstützung durch Rituale. Wenn du dann eines Tages eine erfahrene Hexe sein wirst, kannst du damit anfangen, deine eigenen Zaubersprüche zu suchen und aufzuschreiben. Viel Glück dabei!

LIEBE
UND
ZAUBEREI

In der Liebe wie in der Magie solltest du darauf achten, mit deinen Wünschen anderen keinen Schaden zuzufügen. Denn Magie ist immer darauf ausgerichtet, Harmonie zu schaffen zwischen den Dingen, den Elementen und den Menschen. Gehe deshalb verantwortungsvoll mit deinen Wünschen um.

Wenn du allerdings glaubst, du musst nur einen Zauberspruch oder ein Ritual anwenden – und schon ist die Welt – oder dein Liebesleben – wieder in Ordnung, dann muss ich dich eines Besseren belehren. Denn Magie verlangt, dass du bereit bist, deine Lebensweise zu verändern, indem du sie bewusster gestaltest. Der Liebeszauber wird einerseits bewirken, dass du dich selbst so akzeptierst, wie du bist, andererseits wird er dich dazu bringen, an deinen Fehlern hart zu arbeiten, damit du auch für andere ein liebenswerter Mensch bist. Und finde dich damit ab, dass nicht jeder Zauber wirksam sein kann – zu deinem eigenen Wohle. Die Menschen wissen nun einmal nicht immer, was für sie am besten ist. Wofür eine Enttäuschung gut war, zeigt sich meist erst sehr viel später.

Und noch etwas ist ganz wichtig: Benutze Zauberei niemals, um anderen Menschen deinen Willen aufzuzwingen – denn das wird dir nicht gelingen. Nur, wenn dein Wunsch im Einklang steht mit einer Vielzahl an Dingen und Komponenten, die einfach zusammenpassen müssen, wenn bei dem Menschen, den du anziehen oder abstoßen willst, bereits entsprechende Schwingungen vorhanden sind, die aber vielleicht noch unterstützt werden müssen, nur dann hat dein Zauber wirklich eine Chance. Denn du kannst einen anderen Menschen niemals besitzen, er behält immer sein Eigenleben, seine innere ungebrochene Unabhängigkeit und Freiheit. Und noch etwas gebe ich zu bedenken: Die Beziehung zu einem anderen Menschen bleibt niemals gleich, sondern verändert sich ständig, entwickelt sich weiter. Das bedeutet, du musst auch an einer gut funktionierenden Beziehung ununterbrochen arbeiten, damit keine Entfremdung entsteht. Menschen bleiben nicht, wie sie einmal waren und das gilt auch für ihre Gefühle zueinander – so kann es passieren, dass Liebe und Zuneigung verloren gehen, trotz aller Mühe – und Magie.

Nimm dies an, akzeptiere es, denn dann wirst du frei sein für neue Menschen, für Erfahrungen, die dir sonst vielleicht für immer verborgen geblieben wären. Ganz wichtig ist, dass du lernst, die Gefühle anderer Menschen zu respektieren. Du darfst sie nicht manipulieren. Genauso wenig kannst du einen anderen Menschen zwingen, dich zu mögen oder zu lieben. Und bedenke: Jeder Mensch hat seine eigene Vorstellung davon, was Liebe überhaupt ist. Daran wird auch der größte Zauber nichts ändern.

Die Vorbereitung eines Rituals

Bevor du ein Ritual abhalten kannst, musst du ein paar Dinge wissen, wenn du verantwortungs- und wirkungsvolle Magie betreiben willst. Aber Magie ist keinesfalls eine außergewöhnliche Technik, die nur von wenigen auserwählten Menschen beherrscht wird. Magie ist vielmehr etwas, was dir jeden Tag begegnen kann, bist du erst einmal dafür sensibilisiert. Du kannst die Zauberkunst jeden Tag anwenden, sie zu einem festen Bestandteil deines Alltags machen. So sehr, dass du dir ein Leben ohne sie schon gar nicht mehr vorstellen magst.

Obwohl ich davon ausgehe, dass du das ‚Buch der Schatten‘ von meiner Lehrerin Maja Sonderbergh bereits kennst, werde ich die elementaren Vorbereitungen, die du treffen musst, um überhaupt Zugang zur magischen Welt zu erhalten, noch einmal kurz beschreiben. Vielleicht stehst du ja noch ganz am Anfang deiner Hexenkarriere und bist für ein paar Gedächtnisstützen dankbar. Aber auch erfahrenen Hexen empfehle ich, nicht einfach über diesen Teil hinwegzugehen, vielleicht finden auch sie noch ein paar Anregungen.

So ist es eben in der Magie: Man lernt niemals aus!

REINIGUNG

Generell solltest du für deine Rituale nur Dinge und Gegenstände verwenden, mit denen du positive Gefühle verbindest. Empfindest du bei einem bestimmten Stein, einer Kerze oder einem Räucherwerk Ablehnung oder gar Widerwillen, so schließe diese Dinge aus deinem magischen Leben aus. Sie werden dich deinem Ziel nicht näher bringen, sondern deine Konzentration und damit auch die Wirksamkeit deines Zaubers verringern.

Es ist wichtig und absolut unerlässlich, dass du alle Gegenstände, die du für ein Ritual verwendest, vorher von alten Energien gründlich reinigst. Dafür gibt es mehrere Möglichkeiten: Du kannst zum Beispiel alle Gegenstände, die du bei deinem Ritual gebrauchen willst, in einen wasserfesten Beutel tun und diesen über Nacht in ein fließendes Gewässer legen.

Sollte dies nicht möglich sein, führe deine magischen Gegenstände durch den Rauch einer Räucherung. Stelle dir dabei vor, wie die Luft den Gegenstand durchströmt und reinigt. Du kannst auch noch einige Tropfen Wasser und eine Prise Salz auf den jeweiligen Gegenstand geben. Deine magischen Werkzeuge sind nun für das Ritual bereit.

WEIHUNG

Du solltest deine magischen Hilfsmittel ausschließlich der rituellen Verwendung weihen. Sprich zu jedem einzelnen Gegenstand folgende Worte, bevor du ihn auf deinen Altar stellst:

> *Ich weihe dich der Magie*
> *Dies allein soll dein Zweck sein*
> *Schenke mir deine Energie*
> *Damit meine magischen Rituale*
> *Ihre Zauberkraft entfalten können.*

Achte darauf, dass deine magischen Gegenstände von niemandem außer dir selbst angefasst werden. Dies könnte ihnen Energie nehmen. Außerdem werden deine Hilfsmittel so zu etwas ganz Besonderem, nur für einen Zweck Bestimmtem. Jedes Mal, wenn du ein Objekt in die Hand nimmst, wirst du daran erinnert. Es wird dir gelingen, dich besser zu konzentrieren. Der Energiegehalt eines jeden dieser Gegenstände wird wachsen, ebenso wie die Kraft deiner Magie.

DEN KREIS ZIEHEN

Zu Beginn eines jeden Rituals solltest du immer den von dir dafür auserwählten Platz abgrenzen, indem du einen magischen Kreis ziehst (gehe diesen im Uhrzeigersinn ab). Die Energie, die du während eines Rituals aussendest und die du empfängst, wird nur innerhalb dieses Kreises fließen, sie kann nicht verloren gehen.

Außerdem trittst du mit dem Ziehen des Kreises quasi in eine andere Welt ein. Du grenzt dich für den Zeitraum deines Rituals von der normalen Welt und deinem Alltag ab und trittst in die magische Sphäre, in der ganz andere Gesetze und Notwendigkeiten herrschen, ein. Der Kreis schützt und bewahrt dich vor Störungen deiner Konzentration.

VISUALISIEREN

Was sich so kompliziert anhört, ist eigentlich ganz einfach: Es bedeutet nichts anderes, als sich auf eine bestimmte Sache, einen Wunsch oder ein Anliegen, ganz fest zu konzentrieren. Es kann so weit gehen, dass du dir beispielsweise eine Beziehung oder die Eigenschaften eines potentiellen Traumpartners lebhaft vorstellst. Diese Art der Konzentration ist unerlässlich für nahezu jede Art von magischem Ritual.

Zu Beginn deiner Laufbahn als Hexe mag dir das Visualisieren vielleicht noch schwer fallen, weil du aufgeregt bist oder dich leicht ablenken lässt. Aber du wirst merken, dass es dir mit fortschreitender Erfahrung immer leichter fällt.

ENERGIE AUSSENDEN

Wenn du ein Ritual durchführst, so sendest du sehr viel Energie ins Universum aus. Dadurch wird dein Wunsch erfüllt. Daher ist es sinnvoll, dass du dies mit ganzer Kraft tust. Du kannst deine Energie besonders gut auf ein konkretes Ziel richten, wenn du einen Zauberstab benutzt. Es reicht aber auch vollkommen aus, mit einem ausgestreckten Finger die Energie in die Weiten des Universums zu schicken.

DER KRAFTPLATZ

Ein Kraftplatz kann beinahe jeder Ort sein. Wichtig ist jedoch, dass du dort Ruhe hast und dich ungestört auf dein magisches Ritual konzentrieren kannst. Wenn du einen Lieblingsplatz hast, einen Ort, an dem du dich sicher und entspannt fühlst, ist er dein Kraftplatz. Dort kannst du nicht nur Rituale abhalten und meditieren, sondern auch einfach mal ausruhen und abschalten. Das alleine kann oft wahre Wunder vollbringen.

SICH ERDEN

Nach einem Ritual ist es ganz wichtig, dass du wieder in die Wirklichkeit zurückkehrst. Du musst die Bodenhaftung wieder finden und übrig gebliebene Energie von dir abfließen lassen, damit du ruhig wirst und dich entspannst. Setze dich auf den Boden und lege deine Hände mit den Handflächen nach unten auf die Erde. Konzentriere dich darauf, dir vorzustellen, wie die überflüssige Energie dich verlässt. Spüre den festen Boden unter dir und mache ihn dir bewusst.

DEN KREIS ÖFFNEN

Bevor du, nach dem Ende eines Rituals, den Kreis wieder öffnest, solltest du dich wappnen. Der Schutz des Kreises ist dann nicht mehr gegeben. Du musst wieder bereit sein für das ‚normale' Leben. Sobald du das Gefühl hast, bereit zu sein, öffne den Kreis (gehe ihn, entgegen des Uhrzeigersinns ab, beginnend im Osten). Erst dann ist das Ritual wirklich beendet. Dein Alltag hat dich zurück!

Deine 7 Regeln für wirksame Zauber-sprüche

D amit dein Zauberspruch auch wirksam ist, musst du natürlich ein paar Dinge beachten. Lass dir Zeit und gehe gründlich vor. Überprüfe immer wieder, was du dir wirklich wünschst. Dein Zauber muss so exakt wie möglich darauf abgestimmt sein. Die folgende Liste wird dir helfen, alles richtig zu machen.

1 Formuliere das Ziel deines Zaubers in einem Satz.

2 Sei so präzise wie möglich. Wenn du zu viele Worte benötigst, ist dies ein Zeichen dafür, dass du selbst noch nicht sicher bist, was du eigentlich mit deinem Zauber erreichen möchtest. Und das kann dazu führen, dass dein Zauberspruch unwirksam wird.

3 Denke daran: Magie und Zauberei sollten immer das letzte Mittel zur Lösung eines Problems sein. Probiere zuerst alle anderen Möglichkeiten aus, die du hast, um dein Ziel zu erreichen.

4 Wenn du einen Zauberspruch aufschreibst, solltest du immer ganz entspannt und konzentriert sein. Das ist sehr wichtig. Mit Wut im Bauch funktioniert Zauberei nicht. Sperre alles aus, was dich stören könnte. Suche dir für die Erstellung deines Zauberspruchs, und auch für den Zeitpunkt seiner Anwendung, einen ruhigen Platz aus, an dem du dich wohl fühlst und du sicher vor Störungen von außen bist.

5 Suche deine Hexenzutaten mit Bedacht aus: Es gibt Dinge, welche die Kraft deines Zauberspruchs verstärken können. Dazu gehören zum Beispiel Steine, Kristalle, Kerzen oder Pflanzen. Wähle diejenigen aus, die am besten zu dir und deinem Wunsch passen.

6 Zauber stehen immer im Einklang mit der Natur. Die Elemente Feuer, Wasser, Erde und Luft sind für den Erfolg deines Zaubers sehr wichtig. Anders können sie nicht funktionieren. Dies solltest du dir auch bei der Anwendung deiner Zaubersprüche zu Nutze machen.

7 Denke bei jedem deiner Zaubersprüche daran: Magische Mittel anzuwenden, um dein Ziel zu erreichen oder dir einen Herzenswunsch zu erfüllen, ist nur in Ordnung, so lange du niemand anderem Schaden zufügst. Diese Grenze darfst du niemals überschreiten. Jeder Zauberspruch ist nur dazu da, deine Kräfte auf einen Wunsch zu bündeln, deine Gedanken darauf zu konzentrieren. Versuche, deine Zaubersprüche so zu formulieren, dass sie immer positiv sind und bleiben.

Tamaras
Ganz Persönliche
Anmerkung in
Sachen
Liebes-
Zauber

Wer kennt das nicht: Es hat dich so richtig erwischt. Du hast Schmetterlinge im Bauch, sobald du nur an ihn denkst. Natürlich ist da die Vorstellung, dass er für dich weniger empfinden könnte, quälend und unerträglich. Noch schlimmer ist der Gedanke, dass er sich in eine andere verlieben könnte. Aber keine Sorge, einem gebrochenen Herzen kann man vorbeugen. Natürlich ist das nicht ganz einfach, aber mit ein paar magischen Formeln und Ritualen kannst du verhindern, dass es überhaupt so weit kommt. Dafür musst du allerdings die richtigen Zaubersprüche und Formeln kennen. Und die zu finden, ist nicht so einfach. Doch schließlich will jeder die großen Gefühle erleben, sie beim Traumprinzen hervorlocken und dann auch bewahren. Natürlich haben meine Lehrerin Maja und ich uns oft über dieses Thema unterhalten. Maja hat mir einige wertvolle Tipps gegeben, die ich selbst schon erfolgreich angewendet habe. Ich habe sie aufgeschrieben für alle, die gerade besonders glücklich oder unglücklich verliebt sind, aber auch für alle, die neuen Schwung in eine festgefahrene Freundschaft bringen wollen. Jeder Mensch verdient es, in der Liebe sein großes Glück zu finden – und genau das wünsche ich dir.

Natürlich kann es, trotzdem du alle Regeln befolgt und den Zauberspruch sorgfältig ausgeführt hast, passieren, dass nicht das geschieht, was du dir gewünscht hast. Dafür gibt es mehrere mögliche Gründe: Vielleicht hast du dir ganz tief in deinem Inneren doch etwas anderes gewünscht. Oder aber: Die Person, auf die sich deine Wünsche gerichtet haben, ist nicht die, für die du sie gehalten hast. Du hast dich in ihr getäuscht. Und dann wirst du schon bald feststellen, wie froh du bist, dass dir die Umsetzung deines Wunsches verwehrt wurde. Ganz klar: Liebeszauber gehören zu den schwierigsten und vielschichtigsten Bereichen der Magie überhaupt. Du kannst mit einem Zauber vieles bewirken, aber du kannst keine Liebe entfachen, wo keine ist. Du kannst aber den Hauch von Liebe verstärken, dort, wo er vorhanden ist. Liebe ist und bleibt eine Sache, die von Herzen kommt, ein kostbares Geschenk, das man pflegen und hegen muss. Ich wünsche dir, dass dir meine Zaubersprüche und magischen Tricks in Sachen Liebe ein bisschen helfen können und du mit ihrer Hilfe viele glückliche Stunden erlebst.

DER MOND GIBT DIR DEN ZEITPUNKT VOR

Der Mond beeinflusst den Rhythmus des Lebens – und er besitzt große Kraft. Mache dir diese Kraft zu eigen, um die Wirkung deiner Zaubersprüche noch zu verstärken.

Zwischen Neumond und Vollmond solltest du Zaubersprüche anwenden, die das Interesse eines bestimmten Menschen an dir wecken. Er wird sich auf magische Art zu dir hingezogen fühlen.

Bei abnehmendem Mond solltest du deine Zaubersprüche sprechen, wenn du eine Situation ändern willst, unter der du leidest. Von erfahrenen Hexen wird in der abnehmenden und in der Neumondphase vorzugsweise reinigende und heilende Magie angewandt.

Dies ist auch die Zeit, die du wählen solltest, wenn es in der Beziehung zu deinem Freund kriselt und du eurer Liebe wieder neuen Schwung geben willst. Gefühle, die bereits vorhanden sind, sei es noch versteckt oder schon offensichtlich, kannst du in dieser Mondphase leicht verstärken. Sollte der Mann deines Herzens seine Zuneigung zu dir noch gar nicht entdeckt haben, wird sich das, mit den richtigen Worten und einem entsprechenden Ritual, schnell ändern lassen.

Neumond ist am besten geeignet, wenn du eine neue Liebe finden willst.

Und der Vollmond ist ein perfekter Zeitpunkt, um deine Wünsche endgültig und präzise zu formulieren.

Besonders gut ist es, wenn du dich auf einen Wunsch über die ganze Zeit von Neumond bis Vollmond konzentrierst. Das Ergebnis deiner magischen Bemühungen wird umso befriedigender ausfallen.

Auch mich hat meine Lehrerin Maja immer wieder ermahnt, die nötige Geduld aufzubringen, was natürlich in Herzensangelegenheiten nicht gerade einfach ist. Aber ich musste einsehen, dass Maja Recht hatte. Und zur Belohnung wurden meine magischen Kräfte immer stärker. So wird es auch dir ergehen!

7-mal Vollmondzauber

Er ist unglaublich weit von uns entfernt, übt aber trotzdem seinen Einfluss auf uns aus. Vor allem, wenn er sich in voller Größe zeigt. Das ist schon seit Urzeiten so. Die unterschiedlichsten Mythen und Sagen ranken sich um ihn, aber auch eine Menge Aberglaube. Doch in vielen dieser Geschichten findet sich auch eine Spur Wahres. So ist seit langer Zeit bekannt, dass der Mond das Liebesleben beflügelt und das Blut in Wallungen bringt. Ich zeige dir, wie du dir die rätselhaften Kräfte des Mondes zu Nutze machen kannst.

❶ Besonders verführerisch macht dich ein berauschendes Vollmondbad: Mische je zehn Tropfen ätherisches Sandelholz-, Hyazinthen- und Rosenöl mit etwas Honig und gib diese Mischung ins Badewasser.

❷ Haare schneiden kurz vor oder bei Vollmond lässt sie schneller und kraftvoller nachwachsen.

❸ Wenn du deine Haare bei Vollmond tönst oder färbst, wird die Farbe länger halten und intensiver aussehen.

❹ Unter dem vollen Mond abgeschnittene Kräuter duften und würzen intensiver. Dann sind sie besonders geeignet, um sie für Liebestees, Liebesöle und Räucherwerk zu verwenden.

5 So wirst du einen lästigen Verehrer los: Lege ihm bei Vollmond Farnblätter in den Weg oder lass ihn an Kampfer riechen. Er wird dir nicht mehr länger auf die Nerven fallen.

6 Wenn du dich von Schüchternheit befreien willst, dann creme dich an Vollmond mit diesem Bodyöl ein: Zerkleinere einen Zweig Thymian und je drei Blätter Basilikum und Salbei in einer Schale. Gib einen Löffel Mandelöl und sieben Tropfen Limettenöl darüber. Lass diese Mischung ein paar Stunden vom Mondlicht bescheinen, bevor du dich damit einreibst.

7 Du hast dein Herz an jemanden verloren, der nichts davon ahnt und dich bisher kaum beachtet. Schreibe seinen Namen auf ein Stück Papier. Stelle eine rote Kerze in die Mitte des Blattes und umstreue sie mit Rosenblättern und etwas geriebenem Ingwer. Zünde die Kerze bei Vollmond an. Schon bald wird dein Traumprinz anfangen, sich für dich zu interessieren.

Mit Magie durch die Woche

Damit deine Zaubersprüche wirklich erfolgreich sein können, solltest du dich unbedingt mit der Frage beschäftigen, welcher Tag am günstigsten für das jeweilige von dir geplante Ritual ist. Denn die Magie steckt manchmal eben auch im Detail. Jeder Tag der Woche korrespondiert mit der Sonne und den sechs Planeten. Daraus entsteht eine magische Wechselwirkung, die du bei Wahl und Timing deiner Zaubersprüche berücksichtigen solltest.

Sonntag (Sonne)

Der Sonntag ist der richtige Tag, wenn es dein Wunsch ist, mangelnde Zielstrebigkeit zu beseitigen. Bist du also oft unentschlossen und zu ängstlich, den letzten Schritt zu tun, dich und deine Gefühle einer bestimmten Person gegenüber zu offenbaren, so solltest du dein magisches Ritual an einem Sonntag praktizieren.

Montag (Mond)

Hast du ein Anliegen, das dich stark beschäftigt und oft in deinen Träumen wiederkehrt, so solltest du den Montag für dein Ritual wählen, zumal dieser Tag wegen seiner engen Korrespondenz zum Mond Magie und Spiritualität generell begünstigt.

Dienstag (Mars)

Dies ist der richtige Tag für alle Zaubersprüche, die sich um die leidenschaftliche Seite der Liebe oder aber um Eifersucht drehen. Wenn du wütend auf jemanden bist – an einem Dienstag kannst du diese Energie in positive Bahnen lenken, denn es ist der Tag für Neuanfänge. Verletzungen und Kränkungen aus der Vergangenheit kannst du einfach hinter dir lassen. Blicke nicht zurück, sondern schau nach vorn.

Mittwoch (Merkur)

Wenn du nicht mehr weiter weist, dich kraftlos und schwach fühlst, dann solltest du diesen Wochentag wählen. Er steht für Heilung und Erkenntnis. Er ist also bestens dazu geeignet, Liebeskummer zu bekämpfen. Aber auch, wenn du Verbindung aufnehmen willst zu einem Erlebnis oder einem Menschen aus deiner Vergangenheit, ist der Mittwoch ein geeigneter Zeitpunkt. Du wirst klare Botschaften aussenden und auch empfangen.

Donnerstag (Jupiter)

Du suchst dringend Antwort auf Fragen, die sich erst in der Zukunft klären werden. Doch du willst oder kannst nicht so lange warten. Für Weissagungen und Orakel ist der Donnerstag bestens geeignet. Wenn es bei deinem Anliegen darum geht, an dir selbst zu arbeiten, damit du dein Glück finden kannst, solltest du dies am Donnerstag angehen.

Freitag (Venus)

Hier dreht sich alles um die romantische Seite von Liebe und Freundschaft. An diesem Tag kannst du mit Hilfe entsprechender Zaubersprüche etwas für deine Schönheit tun und so deine verführerische Wirkung erhöhen. Wenn du Harmonie und Zuneigung suchst, dann konzentriere deine magische Energie am Freitag auf dieses Ziel. Und schon bald wirst du auf einer Wolke des unbeschwerten Glücks schweben.

Samstag (Saturn)

Zaubersprüche und Rituale, die dem Schutz dessen dienen, was dir am Herzen liegt, solltest du an einem Samstag durchführen. Auch wenn es dir darum geht, Hindernisse zu überwinden, Prüfungen zu bestehen, vielleicht sogar eine Trennung zu überwinden, dann konzentriere dich ebenfalls an einem Samstag auf diese Ziele. Du wirst ungeahnte Kräfte in dir entdecken, von deren Existenz du bisher gar keine Ahnung hattest.

Frage dich immer: Welcher Tag ist der beste für mein Vorhaben? Stimmt er mit der von mir gewählten Mondphase überein? Doch es ist nicht unbedingt notwendig, dass wirklich alle Aspekte übereinstimmen. Natürlich kannst du Zaubersprüche jederzeit anwenden, zumal es Wünsche und Anliegen gibt, die keinen Aufschub dulden. Auch dann ist deine Magie wirkungsvoll, aber natürlich kann sie an einem gut gewählten Zeitpunkt eine ganz besondere Kraft entwickeln.

HEXISCHE GEGENSTÄNDE VON A BIS Z

Die Sammlung deiner hexischen Gegenstände wird mit der Zeit sicherlich deutlich anwachsen. Du wirst ständig neue Gegenstände entdecken, die dir gefallen, die für dein Empfinden eine starke Energie ausstrahlen und sich somit zur Unterstützung eines magischen Rituals eignen. Aber eigentlich brauchst du an grundlegendem Handwerkszeug gar nicht viel. Du solltest aber die Dinge, die du zum Beispiel auf deinen Altar legst – besonders dann, wenn du deinen persönlichen Liebesaltar aufbaust – sorgfältig, eben mit Liebe, aussuchen. Deine hexischen Gegenstände müssen aber nicht unbedingt immer auf deinem Altar liegen. Viele von ihnen kannst du auch problemlos mit dir führen, in der Hosentasche, in deinem Portemonnaie oder sogar als Schmuck an einem Band um den Hals oder am Arm.

Was dich den ganzen Tag über begleiten darf, sei allein dir überlassen. Aber ich kann dir versichern, dass es ein gutes und sehr beruhigendes Gefühl ist, jederzeit zu wissen, dass du der Unterstützung deiner kleinen magischen Helfer gewiss sein kannst. Sie schenken dir die Energie, die in ihnen steckt und schützen dich vor negativen Schwingungen, indem sie diese in sich aufnehmen. Du darfst allerdings nicht vergessen, sie in einem Reinigungsritual wieder davon zu befreien. Wenn du diese Anweisungen befolgst, werden dir deine hexischen Dinge zuverlässig über die kleinen Nöte des Alltags hinweghelfen.

Amulette

Amulette sind einzelne Gegenstände oder auch eine Ansammlung von Gegenständen, die du mit einer bestimmten Aufgabe betraut hast. Wenn du ein Amulett selbst herstellen möchtest, musst du dich zunächst einmal klar entscheiden, wofür es dienen soll und für wen es bestimmt ist. Denn ein Amulett kannst du natürlich auch einem anderen Menschen weihen und es dann verschenken, zum Beispiel deiner Freundin oder deinem Freund.

Für jede magische Unternehmung gilt: Je persönlicher ein Zauber oder ein magischer Gegenstand hergestellt wird, desto besser und wirkungsvoller ist er. Ein Amulett kann aus einem einzigen Gegenstand bestehen. Auf jeden Fall aber sollte dieser genau auf das Thema abgestimmt sein, für das er bestimmt ist.

Ganz wichtig ist: Welche Art Amulett du auch immer herstellen möchtest – alle Gegenstände, die du dafür verwendest, müssen vorher gereinigt und für ihre Funktion geladen werden.

Amulette sind in der Regel auf Langzeitwirkung ausgerichtet. Deshalb solltest du auf ihre Herstellung unbedingt die größte Sorgfalt verwenden.

Federn

Federn stehen, wie nicht schwer zu erraten, mit dem Element Luft in Verbindung. Für deine magischen Unternehmungen ist es überhaupt nicht notwendig, sie in einem Laden zu kaufen, obwohl es sie dort natürlich in den schillerndsten und exotischsten Ausführungen gibt. Einfache Enten- oder Krähenfedern zum Beispiel erfüllen ihren Zweck genauso gut. Du kannst sie überall finden, auf der Straße, auf Wiesen oder im Wald. Federn schenken dir Zuversicht und eignen sich vorzüglich, wenn du dringend neue Ideen oder gute Einfälle brauchst. Sie beflügeln die Fantasie und verstärken die Freude am Leben. Außerdem tut es, wenn du sie als Amulett oder Teil eines magischen Schmucks trägst, einfach gut, sie auf der Haut zu spüren, denn eine Berührung ihrer weichen Härchen ist wie ein Streicheln.

Magisches Tagebuch

Ein magisches Tagebuch solltest du dir unbedingt zulegen. Hexen haben schon immer ihr Wissen und ihre Erfahrungen niedergeschrieben und von Generation zu Generation weitergegeben, denke nur an das ‚Buch der Schatten‘ meiner Lehrerin Maja. Auch mich hat Maja immer wieder dazu angehalten, meine Erfahrungen aufzuschreiben.

Wenn du schon einige Rituale und Übungen ausprobiert hast, wirst du sicher selbst schon festgestellt haben, wie hilfreich ein magisches Tagebuch ist. Du kannst immer wieder nachsehen, was du schon alles gemacht hast, welche Rituale du schon angewandt hast – und natürlich, was am besten funktioniert hat.

Doch nicht nur Zaubersprüche und Rituale solltest du in dein magisches Tagebuch schreiben. Dort gehört alles hinein, was mit Magie zu tun hat, auch Erlebnisse und besondere Begebenheiten.

Früher war das anders. In der alten Zeit wurde solch ein Buch ‚Grimoire‘ genannt und es enthielt ausschließlich Zaubersprüche. Jede Hexe hütete dieses Buch wie ihren Augapfel, denn es durfte ihr auf keinen Fall abhanden kommen. Schließlich enthielt es ihr ganzes Wissen, ihre ganze Kunst und natürlich auch ein paar Geheimnisse, die sie eigentlich lieber für sich behalten wollte.

Aber voneinander lernen kann man eben nur, wenn man sich austauscht und seine besten Rituale mit anderen teilt. Durch einen regen Austausch mit anderen kann man auch als erfahrene Hexe noch viel lernen und immer neue Anregungen bekommen. Also sprich ruhig mit deinen Freundinnen über deine magischen Erfahrungen, hüte aber deine Zunge, wenn du Menschen nicht gut genug kennst, um ihnen Vertrauen zu schenken. Nicht jeder ist offen für die Magie, die uns alle umgibt, und manch einer will ihren Einfluss auf unser aller Leben einfach nicht wahrhaben.

Muscheln

Muscheln verkörpern das Element Wasser. Sie stehen für Schutz und Geborgenheit. Aber auch für Kraft, Weiblichkeit und Fruchtbarkeit. Sie sind ein Symbol für Ewigkeit und den immer währenden Kreislauf des Lebens.

Du solltest als Hexe immer nur Muscheln verwenden, die du selbst am Strand gesammelt hast. Muscheln und Schneckengehäuse, die du im Geschäft kaufen kannst, stammen meist von Tieren, die getötet wurden, um sie gewinnbringend zu verkaufen. Das solltest du nicht unterstützen. Außerdem besitzen diese Muscheln keine magische Energie.

KERZEN

Ein kleiner Tipp:
Achte darauf, dass du immer eine feuerfeste Unterlage griffbereit hast.
Leicht kann aus ein paar harmlos wirkenden Funken ein zerstöreri-
sches Feuer werden. Also: Vorsicht ist geboten, denn ein Zimmerbrand
ist ganz sicher nicht geeignet, um positive Energien hervorzubringen
oder die Wirkung eines Rituals zu verstärken.

Es gibt Kerzen verschiedener Art und Farbe. Welche du für deine Rituale auswählst, ist dir vollkommen freigestellt. Du kannst sogar mehrere Arten von Kerzen gleichzeitig verwenden. Wichtig ist, dass du sowohl eine Sorte wie auch eine Farbe aussuchst, die den Wunsch symbolisieren, den du damit ausdrücken willst.

Zwar wirkt Magie auch, wenn du ausschließlich Kerzen bei einem Ritual benutzt, aber ihre Wirkung kann verstärkt werden, wenn du weitere hexische Dinge hinzufügst. Das können Öle, Kräuter, Steine, Federn oder Muscheln sein, auch Münzen oder andere kleine Gegenstände, die dir etwas bedeuten. Diese Dinge sind nützlich, weil ihre Energien zusätzlich bei jedem Ritual mitwirken. Außerdem können sie dir helfen, deine Konzentrationsfähigkeit zu steigern.

Auch Farben sind in der Kerzenmagie sehr wichtig. Wenn du schwarze Kerzen nicht magst, ersetze sie durch dunkelblaue. Schwarze Kerzen haben jedoch keine negative Wirkung, wie du vielleicht zunächst annimmst – ganz im Gegenteil: Sie nehmen negative Schwingungen auf und sind sehr gut für Schutzrituale geeignet.

Weiße Kerzen hingegen sind recht neutral. Du kannst sie stellvertretend für alle anderen Farben verwenden, ausgenommen für rote. Weiße Kerzen sind allerdings nicht so wirkungsvoll wie farbige Kerzen, denn sie besitzen nur eine allgemeine Energie, die sich nicht so sehr auf einen bestimmten Wunsch oder eine konkrete Fähigkeit richtet.

Kerzenfarben und was sie dir sagen

Blau

Diese Farbe steht für Wahrheit, Inspiration, Weisheit, Schutz, Verständnis, Glück, Treue und inneren Frieden. Sie hilft dir, dich zu konzentrieren und hält negative Schwingungen von dir fern. Außerdem kann eine Kerze dieser Farbe Gerüchte, Lügen und unerwünschte Konkurrenz abwenden. Wenn du eine blaue Kerze in dein Schlafzimmer stellst und sie für einige Minuten anzündest, bevor du zu Bett gehst, so förderst du damit prophetische Träume. Aber schlafe nicht ein, ohne die Flamme vorher zu löschen! Feuer ist ein sehr gefährliches Element.

Braun

Diese Kerzenfarbe fördert die Konzentration, Ausgeglichenheit und schärft deine Wahrnehmung.

Gelb

Kreativität und Selbstvertrauen wird durch diese Farbe gefördert. Außerdem stärken gelbe Kerzen deine Anziehungskraft und führen zu geistiger Klarheit und Erkenntnis.

Gold

Kerzen dieser Farbe fördern Intuition und Verständnis. Ist eine Sache außer Kontrolle geraten, wird sie mit Hilfe goldener Kerzen wieder in die richtigen Bahnen gelenkt. Außerdem ziehen goldene Kerzen das Glück an.

Grün

Grüne Kerzen solltest du verwenden, wenn es um dein allgemeines Glück geht. Sie stehen für Fruchtbarkeit und Großzügigkeit, aber auch für Erfolg und Erneuerung. Eine Kerze dieser Farbe kann bei einem Neuanfang hilfreich sein, aber auch eine ungeklärte Situation zu deinen Gunsten ausgehen lassen.

Rot

Dies ist eine Kerzenfarbe, die die reinste Form der Liebe, der Freundschaft, der Zuneigung und Empfindsamkeit ausdrückt und auch herbeirufen kann. Du solltest rote Kerzen so lange wie möglich abbrennen lassen. Mit Rosenöl oder einem Rosenquarz kannst du ihre Wirkung zusätzlich verstärken. Rote Kerzen können aber auch Depressionen abwenden. Sie beschleunigen Vorgänge, Gedanken und Entscheidungen. Wenn du eine rote Kerze alleine benutzt, dann bewirkt sie Heilung, zum Beispiel von Liebeskummer.

Pink

Eine Kerze in der Farbe Pink unterstützt Beziehungen und Freundschaften aller Art. Geht es dir bei einem Ritual besonders um Liebesbeziehungen, so kannst du die Wirkung einer solchen Kerze in diese Richtung verstärken, indem du Rosenquarze um sie herum legst.

Orange

Orange wirkt aufmunternd und stimulierend. Mit orangefarbenen Kerzen kannst du deine Anziehungskraft erhöhen, deine Begeisterungsfähigkeit wecken und dein Durchhaltevermögen stärken. Sie helfen, wenn sich in deiner Beziehung Bequemlichkeit breit gemacht hat.

Silber

Die Farbe Silber hilft dir, deinen Willen durchzusetzen, dich gegen Widerstände zu behaupten. Zerstörerische Kräfte werden neutralisiert.

Violett

Diese Farbe steht für Erfolg, Hoffnung und Weisheit. Allein verwendet, verstärken violette Kerzen deinen Zugang zur Magie und damit auch ihre Wirkungskraft.

Schwarz

Schwarze Kerzen nehmen negative Kräfte in sich auf und wandeln sie in positive um. Sie schenken Schutz und bringen Bewegung in verfahren wirkende Situationen.

Weiß

Weiß unterstützt Harmonie, Spiritualität und langfristige Entwicklungen im Leben. Kerzen in dieser Farbe stehen für Reinheit, Wahrheit, Aufrichtigkeit und Harmonie. Wenn du bei einem Ritual nicht weißt, welche Farbe die richtige ist, um deinen Wunsch auszudrücken und zu unterstützen, dann nimm eine weiße Kerze. Sie ist sehr ausgewogen und besitzt eine starke positive Kraft.

Steine und Kristalle

Wenn du mit Steinen und Kristallen deinen Liebesaltar schmücken willst, hast du zwei Möglichkeiten. Du kannst sie nach ihrer Farbe aussuchen oder nach der Liste ihrer magischen Eigenschaften. Der Bergkristall jedoch sollte auf keinem Altar fehlen, denn er ist besonders kraftvoll und für jede Art von Zauber bestens geeignet.
Ganz wichtig ist, dass du die Steine, egal ob es gekaufte oder gefundene sind, zunächst gründlich abwäschst. Calzit und Türkis sollten jedoch nicht mit Wasser oder einer Salzlösung in Berührung kommen. Diese Steine kannst du reinigen, indem du sie in Weihrauch hältst. Damit verstärkst du ihre positiven Schwingungen.

Das sagt dir die Farbe deiner Steine und Kristalle

Rote Steine

Sie stehen mit dem Element Feuer in Verbindung und meist auch mit dem Planeten Mars. Wenn du dringend ein wenig Leidenschaft in eine schon ziemlich eingefahrene Beziehung bringen willst, dann solltest du einen roten Stein für dein Ritual wählen. Rote Steine unterstützen die Entscheidungsfähigkeit und stärken die Willenskraft. Gerade in Liebesdingen ist zum Beispiel der Karneol sehr hilfreich. Er fördert Schutz, Heilung, Mut und Liebeskraft.

Wenn du einen Karneol unter dein Bett legst, wirst du dich bald vor Verehrern kaum noch retten können – und du wirst das Flirten in vollen Zügen genießen. Eine ähnliche Wirkung kannst du auch erzielen, wenn du einen Karneol an einem Lederband um den Hals trägst.

Weiße Steine

Diese Steine – zum Beispiel Kiesel oder Quarz – stehen mit dem Mond und viele deshalb auch mit dem Element Wasser in Verbindung. Sie haben eine klärende und reinigende Kraft, die dir helfen kann, wenn du dich von jemandem trennen willst oder einen Abschied zu verarbeiten hast. Ein weißer Stein, der sich besonders für Liebeszauber eignet, ist der Mondstein. Der Mondstein unterstreicht deine weibliche Ausstrahlung, unterstützt deine Anziehungskraft auf das andere Geschlecht. Kein Wunder also, dass er sich besonders gut für Liebesrituale eignet.

Wenn du dich nach einer glücklichen Liebesbeziehung sehnst und dich endlich wieder verlieben willst, dann stelle eine rote Kerze auf die Fensterbank in deinem Schlafzimmer. Lege so viele Mondsteine darum herum, wie du hast, es sollten allerdings mindestens drei sein. Zünde nun an sieben aufeinander folgenden Nächten die Kerze an und konzentriere dich auf deinen Wunsch. Stelle dir deine zukünftige Beziehung in allen Einzelheiten vor, führe dir vor Augen, was du von einem neuen Freund erwartest, welche Eigenschaften er mitbringen muss, um dich glücklich machen zu können. Du kannst sicher sein, dass du nicht lange auf eine spannende Begegnung warten musst.

Schwarze Steine

Schwarze Steine gehören dem Element Erde an. Sie wirken eher beruhigend und aufbauend, wecken jedoch keine verborgenen Leidenschaften. Wenn du also zu heftigen Gefühlsausbrüchen, vielleicht sogar zu Streitereien und Eifersucht neigst, solltest du immer einen solchen Stein in deiner Hosentasche bei dir tragen. Halte ihn mit deiner Hand fest umschlossen, dann wird der Stein die Hitze deiner Gefühlswallungen in sich aufnehmen. Du wirst spüren, wie du dich allmählich entspannst und deutlich ruhiger wirst.

Grüne Steine

Auch grüne Steine stehen meist mit dem Element Erde in Zusammenhang. Steine dieser Farbe eignen sich besonders für Heilungsrituale, können aber auch helfen, wenn du unter Liebeskummer leidest. Geht es um die Liebe, so kann ein Jadestein große Dienste erweisen. Jade steht allerdings mit dem Element Wasser und mit dem Planeten Venus in Verbindung. Im alten China galt dieser Stein als heilig. Liebende schenkten ihn sich, um sich ihre gegenseitige Zuneigung zu versichern – ein schöner Brauch, den man auch heute noch anwenden kann.

Blaue Steine

Blaue Steine stehen für Heilung, allerdings weniger von körperlichen Gebrechen als von seelischen. Haben sich Angst oder Frust bei dir in körperlichen Schmerzen niedergeschlagen, so kann dir zum Beispiel ein Sodalith helfen. Dieser Stein steht in Verbindung mit dem Element Wasser und dem Planeten Venus. Der Sodalith unterstützt deine meditativen Fähigkeiten und deine spirituelle Wahrnehmung. Wann immer du von quälenden Gedanken, zum Beispiel Verlustangst oder Eifersucht gepeinigt wirst, greife zu diesem Stein. Er wirkt reinigend und klärend.

Goldene und braune Steine

Diese Steine stehen für geistige Entwicklung und Wachsamkeit. Hierzu gehört auch der Bernstein, obwohl er eigentlich gar kein Stein ist, sondern aus versteinertem Baumharz uralter Wälder entstand. Er gehört dem Element Feuer an. Wenn du unsicher bist, wie du dich in einer schwierigen Situation entscheiden sollst, nutze diesen Stein. Auch in Liebesangelegenheiten ist er sehr hilfreich. Wenn du eine Kette aus echten Bernsteinen um den Hals trägst, wirst du dich schon bald vor Komplimenten und Liebeserklärungen nicht mehr retten können.

Bunte und andere Steine

Quarze sind unverzichtbar für fast alle Art magischer Rituale. Zu den wichtigsten Vertretern gehören der Bergkristall, der Rosenquarz und der Amethyst.

Der Bergkristall hat eine stark reinigende Wirkung. Er kann Sorgen, quälende Gedanken, Zweifel, sogar Krankheiten von dir nehmen und dir neue Kraft schenken.

Der Rosenquarz hingegen verstärkt gegenseitiges Verstehen, er hilft Streit zu vermeiden und unterstützt Gefühle wie Freundschaft und Liebe.

Der Amethyst hilft bei Stress. Wenn du vor einem Date sehr aufgeregt bist, dann solltest du einen kleinen Amethyst einstecken und mit der Hand fest umschließen. Du wirst spüren, wie die Anspannung weicht und du gelassen und ruhig wirst. Er hilft dir aber auch, wenn du nicht mehr weiter weißt, dich nicht entscheiden kannst. Er schenkt dir neue Hoffnung und unterstützt dich dabei, dein inneres Gleichgewicht wieder zu finden.

Magische Kräfte der Steine und Kristalle im Überblick

Angst besiegen	Bernstein, Aquamarin, Citrin, Turmalin
Ausgeglichenheit	Achat, Amethyst, Calcit, Karneol, Jade, Mondstein, Onyx, Opal
Beruhigung	Bernstein, Aquamarin, Lapislazuli, Marmor, Perodit
Chancen ergreifen	Granat
Danken	Citrin, Lapislazuli, Perlmutt, Saphir
Den idealen Partner finden	Aventurin, Rosenquarz, Rubin
Eifersucht auflösen	Peridot
Glück	Moosachat, Granat, Marmor
Harmonie	Aventurin, Calcit, Koralle
Hindernisse überwinden	Achat, Hämatit
Lästige Liebhaber loswerden	Koralle, Smaragd, Onyx
Liebe	Aquamarin, Smaragd, Rosenquarz
Loslassen	Aventurin, Calcit, Mondstein
Mut	Diamant, Jade, Rubin
Neuanfang	Achat, Opal, Turmalin
Probleme lösen	Jade, Serpentin
Schlechte Energien abwehren	Achat, Karneol, Jaspis
Täuschungen aufdecken	Mondstein

Magische Metalle

In allen alten Kulturen kam Schmuck eine große Bedeutung zu. Die Menschen trugen ihn nicht nur, um sich mit ihm schöner und begehrenswerter zu machen und so möglicherweise ihren Reichtum zum Ausdruck zu bringen. Er diente ihnen auch als Glücksbringer, denn sie wussten bereits um Kraft und Energie, die darin stecken kann, ganz besonders dann, wenn er aus Metall ist. Heute tragen wir meist Gold- oder Silberschmuck. Kupfer hingegen spielt keine sehr große Rolle mehr, obwohl es starke magische Kraft besitzt. Mache dir die Eigenschaften der Metalle zu Nutze! Bestimmt findest du in deinem Schmuckkästchen noch das eine oder andere abgelegte Stück, das du nicht mehr trägst. Für einen Liebeszauber oder als Glanzpunkt deines Liebesaltars wird es dir hervorragende Dienste leisten!

Silber

Silber lässt sich hervorragend für Liebeszauber verwenden, besonders, wenn das Metall von einer Frau getragen wird. Silber korrespondiert mit dem Mond und nimmt deshalb starken Einfluss auf die Gefühle eines Menschen. Rituale, in denen du Silber verwendest, solltest du deshalb möglichst zu Vollmond abhalten.

Gold

Gold symbolisiert die Sonne und steckt voller heißer und leidenschaftlicher Energie. Gold schenkt dir nicht nur Kraft, wenn du es trägst, sondern vergrößert auch die Wirkung eines Zaubers.

Kupfer

Wenn Gold oder Silber für dich zu teuer sind, dann kannst du für deine Liebesrituale ruhigen Gewissens und voller Zuversicht zu Kupfer greifen, denn es steht in Verbindung mit dem Planeten Venus. Kupfer besitzt ebenso viele magische Kräfte wie Silber und Gold. In seiner Wirkung ist es dem Gold näher als dem Silber.

WAS DU WISSEN SOLLTEST ÜBER RÄUCHERWERK

Egal, welchen Zauber du anwendest, egal, was alles auf deinem ganz persönlichen Altar steht, du hast die freie Wahl, alles liegt in deinen Händen. Räucherwerk sollte aber auf keinen Fall auf deinem Altar fehlen, ähnlich wie Öle, Kräuter und Steine. Sie alle sind nützlich, weil die Energien dieser Materialien bei einem Ritual zusätzlich mitwirken.

Für Räucherwerk gilt: Es spielt keine Rolle, ob du es in Form von Puder, Kegeln oder Stäbchen benutzt. Alle schaffen eine ganz eigene magische Atmosphäre, die du ganz nach der Art deines Zaubers und deines vorrangigen Wunsches ausrichten solltest. Entscheidend für die Wirkung eines Rituals ist es jedoch, welche Duftnote dein Räucherwerk trägt. Die hier genannten Geruchsstoffe sind seit langem für ihre magische Energie bekannt und werden häufig bei Ritualen verwendet. Ich habe sie nach ihren Eigenschaften und Fähigkeiten sortiert, damit du in jeder Situation rund um die Liebe weißt, was für dich das richtige Räucherwerk ist.

Es gibt aber einige Düfte, die bei jedem Ritual zusätzlich verwendet werden können, weil sie eine sehr starke Magie besitzen und dir helfen, dich auf das wirkliche Ziel deines Zaubers zu konzentrieren oder es vielleicht sogar erst richtig zu erkennen. Zu diesen Standarddüften gehören Weihrauch und Myrrhe. Sie können problemlos miteinander oder auch mit anderen Düften kombiniert werden.

Räucherwerk und seine Wirkung im Überblick

Ausgleichen	Jasmin, Orange, Rose
Binden	Apfel, Zypresse, Kiefer, Wermut
Energie, Stärke	Lorbeer, Nelke, Zimt, Ingwer, Thymian, Rosmarin
Entschlossenheit	Moschus, Rosmarin
Erfolg	Ingwer
Glück, Harmonie	Apfelblüte, Basilikum, Zeder, Tanne, Wacholder, Flieder, Maiglöckchen, Orange, Rose
Heilen	Zeder, Zimt, Pfefferminz, Rosmarin, Sandelholz
Weisheit	Tanne, Maiglöckchen, Salbei
Liebe	Apfelblüte, Jasminblüte, Wacholder, Lavendel, Majoran, Moschus, Patschuli, Erdbeere, Vanille, Veilchen
Schutz, Verteidigung	Basilikum, Lorbeer, Flieder
Segnen	Nelke, Zypresse
Veränderungen	Pfefferminze
Vertreiben	Zeder, Gewürznelke, Patschuli
Willenskraft	Rosmarin
Zauber abwehren	Zeder

Liebesräucherwerk selbst gemacht

Stelle dein Liebesräucherwerk nach deinen ganz persönlichen Wünschen und Bedürfnissen zusammen. Ich kann dir einige Mischungen nennen, die in Liebesdingen beflügelnd und unterstützend wirken. Die Rezepte dazu habe ich von meiner Lehrerin Maja bekommen, eine gerade in Räucherwerk- und Kräuterwissen sehr erfahrene Hexe. Ich habe aber noch ein paar Dinge aus meinem ganz persönlichen Erfahrungsschatz hinzugefügt, um sie für Herzensangelegenheiten noch wirkungsvoller zu machen.

Räucherstäbchen

Räucherstäbchen für deine magischen Liebesrituale kannst du ganz einfach selbst herstellen. Du kannst sie auf vielfältige Weise einsetzen und genießen. Außerdem eignen sie sich, um schlechte Energien aus deiner Wohnung zu vertreiben und deinen Altar zu schmücken. Wichtig ist, dass du Zweige frischer und gesunder Kräuter verwendest. Kräutertöpfe aus dem Supermarkt reichen in der Regel aus, um schmale Bündel zu schnüren.

Du kannst deine Räucherstäbchen in den unterschiedlichsten Kräutervariationen zusammenstellen – so wie es zu deinem jeweiligen Herzenswunsch gerade passt. Ich habe für dich aus meinen Rezepten etwas herausgesucht, das hilft, wenn du unter Liebeskummer leidest oder aus einem anderen Grund traurig und enttäuscht bist.

Was du brauchst:
- *einige Stiele Rosmarin, Salbei, Thymian*
- *2–3 Kiefernästchen*
- *ungefärbten Baumwollfaden*

Fasse die Zweige, die du ausgewählt hast, zu einem dichten Bündel zusammen und binde einen Baumwollfaden darum herum. Winde den Faden so um das Bündel, dass alle Blätter darin festgehalten werden und verknote ihn nach jedem Zentimeter einmal.

Lass die Stäbchen nun einige Wochen (am besten drei) an der Luft trocknen. Hänge sie dazu, mit dem Kopf nach unten, auf.

Wenn deine Räucherstäbchen getrocknet sind, kann es losgehen:

Halte das Ende mindestens fünf, höchstens sechs Zentimeter über die Flamme einer Kerze. Wenn du das Räucherwerk ausschließlich für Liebeszauber einsetzen willst, solltest du eine rote Kerze verwenden. So werden die Stäbchen bereits auf ihren Bestimmungszweck vorbereitet.

Es dauert etwas, bis das Ende des Stäbchens rot wird und zu glimmen beginnt. Aber nach einiger Zeit steigt eine dünne, duftende Rauchfahne auf – dann bist du gerüstet für dein Ritual.

Hat das Räucherstäbchen sein Werk getan hat, drücke es sorgfältig aus und beschneide das Ende vorsichtig für den nächsten Gebrauch.

Liebespulver für jeden Zweck

Es ist einfach herzustellen und vielleicht solltest du es gleich in größeren Mengen anfertigen, denn es hilft bei fast allen Sorgen und Nöten rund um die Liebe.

Was du brauchst:
- *1 TL Sandelholzpulver*
- *1/2 TL gemahlener Zimt*
- *9 Tropfen Ylang-Ylang-Öl*
- *3 Tropfen Rosenöl*
- *1 TL zerstoßene Jasminblüten*

Gebe das Sandelholzpulver, den gemahlenen Zimt, das Ylang-Ylang- und das Rosenöl und die zerstoßenen Jasminblüten in eine Schale und mische alle Zutaten gut durch. Wenn du möchtest, kannst du auch noch etwas gemahlene Vanille beifügen. Sprich währenddessen folgende Zauberformel:

> In diesem Rauch die Liebe wird fließen
> Guter Zauber wird gedeihen und sprießen
> Die Götter der Liebe sich mit mir verbinden
> Dass ich möge den Mann meines Herzens finden!

Lass das Räucherwerk auf Holzkohle verbrennen. Übrigens: Der beste Zeitpunkt für seine Herstellung ist Vollmond.

Der Duft der Verführung

Liebe geht nicht nur durch den Magen, sondern auch durch die Nase. Gut zu wissen, denn dafür kannst du einiges tun!

Was du brauchst:
- *6 gemahlene Kardamomkörner*
- *1/4 getrocknete Karotte*
- *Selleriesamen*
- *1/4 TL Minze*
- *1/4 TL gemahlene Vanille*
- *6 klein geschnittene Veilchenblüten*
- *6 klein geschnittene Gänseblümchenblüten*
- *Rosenöl*
- *1 feuerfeste Schale*

Gebe die Kardamomkörner, die getrocknete Karotte, einige Selleriesamen, Minze, gemahlene Vanille, Veilchenblüten und Gänseblümchenblüten in ein feuerfestes flaches Schälchen.
Verrühre alle Zutaten gut. Füge dann einige Tropfen Rosenöl hinzu. Sprich dabei folgende Worte:

> *Sei verführerisch und unwiderstehlich*
> *Die Leidenschaft weckend*
> *Und die Gedanken gefangen nehmend*
> *Sodass er sein Herz mir nicht verschließen kann.*
> *Lass mich Erstrahlen im Licht der Liebe*
> *Beglückt durch die Erfüllung meiner Träume!*

Lass auch dieses Räucherwerk auf Holzkohle verbrennen und dosiere es sparsam. Du kannst sicher sein, dass es deine Wünsche in Erfüllung gehen lässt. Schon bald wirst du dich vor Verehrern kaum noch retten können. Wenn du bereits einen Freund haben solltest, so wird er dir gegenüber deutlich aufmerksamer und liebevoller werden.

Mein Geheimtipp für alle Fälle: Duftkugeln

Nicht immer muss es Räucherwerk sein, wenn du deiner Nase etwas Gutes tun willst und dein Herz zu trösten versuchst. Auch kleine Duftkugeln können dir dabei behilflich sein. Sie sind schnell und einfach hergestellt.

Für magische Rituale eignen sie sich nicht direkt, du kannst sie aber in die Nähe deines Kraftplatzes oder sogar auf deinen Altar legen. Dort wird ihr Duft deine Gedanken von alten, negativen Energien befreien und dich bereit für Neues machen. Mit Hilfe dieser Vorbereitung wirst du gereinigt in jedes Ritual gehen und deine Stimmung wird sich merklich bessern.

Was du brauchst:
- *1 Orange*
- *1 Zitrone*
- *Gewürznelken*
- *Fenchelsamen*
- *Salz*
- *1 Nadel*

Du wirst begeistert sein, wie lange du Freude an deinen Duftkugeln haben wirst. Ihre Herstellung macht nicht viel Mühe und sie behalten ihr Aroma für viele Jahre.

Nimm zunächst die Orange und steche mit der Nadel kleine Löcher in die Schale. Du kannst dies in Mustern, in Reihen oder einfach willkürlich machen. Schön sieht es aber aus, wenn du magische Symbole in sie hineinstichst. Du musst jedoch vorsichtig sein, damit das Fruchtfleisch nicht durchbohrt wird. Stecke nun die Gewürznelken in die Löcher.

Reibe die Orange zum Schluss mit etwas Salz ab, hänge sie auf und lass sie trocknen. Die erste Duftkugel ist fertig!

Nun ist die Zitrone dran. Verfahre mit ihr wie zuvor mit der Orange. Der einzige Unterschied besteht darin, dass du nun Fenchelsamen in die Löcher steckst. Viel Glück dabei und einen langen Riechgenuss!

ZUM UMGANG MIT MAGISCHEN GEGENSTÄNDEN

Magische Gegenstände sollten wie kleine Heiligtümer behandelt werden. Je sorgfältiger und ehrfurchtsvoller du mit ihnen umgehst, umso wirkungsvoller werden sie sein. Denke immer daran: Alle Gegenstände, die du auf deinen Liebesaltar stellst, haben eine ganz wichtige Funktion für die Kraft deines Zaubers. Behandele sie mit Achtung und Respekt, denn sie sind Träger starker Energien, die du dir zu Nutze machen kannst und willst. Deshalb solltest du sie vor jedem Ritual weihen, indem du dich vor Beginn des eigentlichen Zaubers einige Minuten lang vor deinen Altar kniest, die Augen schließt und ganz tief ein- und ausatmest. Konzentriere dich bei jedem Zug auf das bevorstehende Ritual – und den Wunsch, den du hast. Unterstützend wirkt es, wenn du etwas Weihrauch oder Sandelholz räucherst und eine weiße Kerze anzündest.

So wirst du dich in einen feierlichen Zustand versetzen, der voller Respekt und Achtung vor der Magie ist. Du wirst freudig jedes Ergebnis deines Zaubers als ein Geschenk empfangen.

Liebesaltäre

Schon im ‚Buch der Schatten' hat meine Lehrerin Maja euch die Bedeutung des Altars für jede Hexe erläutert und auch ich habe dies bereits getan. Aber sein Stellenwert kann gar nicht oft genug hervorgehoben werden. Besonders, wenn es um Liebeszauber geht. Der Altar ist das Zentrum deiner Magie. Der Ort, an dem du dich ganz auf dein inneres Selbst konzentrierst und in dich hineinlauschst. Dein Altar muss deshalb unbedingt an einem Ort stehen, wo du ungestört und in Ruhe deine Gedanken und deine Kraft sammeln kannst.

Liebesaltäre sind natürlich von ganz besonderer Bedeutung. Als kluge Hexe solltest du deshalb einige Dinge beachten, wenn du einen Liebesaltar herrichtest und schmückst.

Ein Liebesaltar ist ein geheiligter Platz, der Ehrung der Liebe vorbehalten. Symbole für die vier Elemente Erde, Wind, Feuer und Wasser dürfen auf keinen Fall fehlen. Das Element Erde wird gewöhnlich durch Salz repräsentiert, doch für einen Liebesaltar kannst du auch eine Rosenknospe oder einige Liebeskräuter nehmen. Das Element Luft wird durch Weihrauch symbolisiert. Für das Element Feuer solltest du eine oder mehrere Kerzen wählen. Rote Kerzen sind für die Liebe besonders geeignet. Stelle außerdem ein Schälchen Rosenwasser auf deinen Altar. Frische Blumen können deinen Altar zusätzlich verschönern. Sie symbolisieren die lebendige Kraft des Lebens.

Für die Gestaltung deines ganz persönlichen Liebesaltars ist es außerdem wichtig, ob du Liebe anziehen oder abwehren willst. Für beides gibt es unterschiedliche Gestaltungsregeln, die auf dem Wissen der weisen Frauen beruhen. Diese haben ihre Kenntnisse immer wieder an ihre Schülerinnen weitergegeben. Dieser Tradition folge auch ich und verrate dir nun meinen Lieblingsaltar für einen anziehenden, einen abwehrenden und einen bewahrenden Liebeszauber. Natürlich kannst du meine Vorschläge jederzeit mit zusätzlichen Dingen ergänzen, die dir am Herzen liegen. Es sollten aber unbedingt alle Dinge, die ich dir genannt habe, auf deinem Liebesaltar vorhanden sein. Nur so können deine Zaubersprüche wirklich erfolgreich sein.

Abwehrender Liebeszauber

Liebesaltäre sind etwas ganz Besonderes, deshalb sollten sie ruhig etwas festlich wirken. Lege eine weiße Decke auf deinen Altar. Es kann ein einfacher Baumwollstoff sein, besonders schön ist aber Satin. Stelle frische Blumen dazu, wähle solche mit besonders stark duftenden Blüten wie zum Beispiel Lilien aus. Wenn du möchtest, kannst du auch noch Steine oder Kristalle auf deinem Altar platzieren. Hierfür eignen sich besonders Rosenquarz oder Bergkristall. Sie wirken reinigend und unterstützen die Kraft deiner Magie. Nun fehlt nur noch ein Schälchen mit Rosenwasser auf deinem Altar, dann ist alles bereit für einen erfolgreichen Zauber.

Anziehender Liebeszauber

Breite eine rote Decke auf deinem Altar aus. Wähle am besten einen leicht glänzenden Stoff aus, zum Beispiel Satin, noch besser ist jedoch ein Stück Seide. Stelle rote Blumen auf den Altar, am besten eignen sich rote Rosen.
Statt eines Schälchens Wasser solltest du ein Glas Honig hinzufügen. Drei Muscheln machen deinen Altar komplett. Wenn du außerdem noch ein Räucherstäbchen mit Rosen-, Jasmin- und Vanille-Duft entzündest, ist alles bestens vorbereitet. Deine magische Kraft kann sich nun voll entfalten.

Bewahrender Liebeszauber

Lege eine gemusterte Decke auf deinen Altar. Stelle Dahlien oder Wiesenblumen darauf. Lege einen Gegenstand dazu, der dem Mann deines Herzens gehört. Verteile mehrere Rosenquarze darum herum, sowie einige Rosenknospen. Stelle zwei rosafarbene Kerzen hinzu und umstreue sie mit Salbeiblättchen. Wenn du möchtest, verteile noch ein paar Federn (sie sollten unbedingt ungefärbt sein) auf dem Altar. Deine Liebe wird lebendig bleiben und an Tiefe gewinnen.

ZAUBER-SPRÜCHE
RUND UM DIE
LIEBE

Liebeszauber sind eine besonders wertvolle, aber auch sensible Angelegenheit. Sie müssen sehr sorgfältig durchgeführt werden und du musst zwei Dinge wissen:

1. Sie wirken nur vorübergehend
Die Liebe selbst durchläuft im Laufe einer Beziehung zu viele Phasen, als dass es einen Zauber geben könnte, der auf sie alle passt. Der Liebeszauber soll die Dinge in die richtige Richtung lenken, ist aber nicht dazu gedacht, einem anderen Menschen deinen Willen aufzuzwingen. Das wird dir mit Hilfe eines Zauberspruchs nicht gelingen.

2. Liebeszaubersprüche wirken langsam
Die Energie muss reifen und langsam, aber beständig auf dein Ziel hinwirken, damit du es schließlich erreichen kannst. Nur, wenn du dem Erfolg eines Zaubers diese Zeit lässt, hast du die Aussicht auf dauerhafte Zufriedenheit. Wenn du leicht ungeduldig wirst, dann solltest du an diesem Teil deiner Persönlichkeit arbeiten, bevor du mit dem Liebeszauber beginnst.

Doch nun genug der vielen Worte, jetzt komme ich zum praktischen Teil. Ich habe alle Zaubersprüche, die in diesem Buch stehen, im Laufe meines Hexendaseins selbst ausprobiert. Daher kann ich für ihre Wirksamkeit garantieren.

COMPUTERZAUBER, UM LIEBE ZU GESTEHEN

Du bist zu schüchtern, um dem Mann deiner Träume deine Gefühle zu gestehen? Kein Problem! Zum Glück gibt es da ja ein paar moderne Hilfsmittel, zum Beispiel den Computer. Voraussetzung für das Gelingen dieses Zaubers ist jedoch, dass du die E-Mail-Adresse deines Freundes kennst.

Mit ein paar magischen Handgriffen wird es dir leicht gelingen, ihm deine Liebe auf eine sehr schöne und zugleich wirkungsvolle Weise zu gestehen.

Dein Liebster wird dir nicht widerstehen können und du wirst dich fragen, warum du diesen Schritt nicht schon längst gewagt hast.

Was du brauchst:
- *1 Gedicht, das du für deinen Freund geschrieben hast*
- *1 rosafarbene Kerze*
- *1 rote Kerze*
- *1 Rosenquarz*
- *Rosenblätter*
- *Kupfermünzen*

Stelle die rosafarbene Kerze links, die rote rechts neben deinem Computer auf. Lege um die rote Kerze Rosenblätter, um die rosafarbene Kupfermünzen. Zünde zunächst die rote Kerze an und sprich folgende Worte:

> *Liebe und Glück,*
> *Harmonie und Einklang!*
> *Unsere Herzen schlagen im Gleichtakt*
> *Wir gehören zusammen*
> *Jetzt und für immer!*

Zünde nun die rosafarbene Kerze an und sprich folgende Worte:

> *Mögest auch du dein Herz öffnen*
> *Erkennen, was wahre Liebe ist.*
> *Komm her zu mir und lass uns glücklich sein!*

Verfasse nun das Gedicht und schicke es deinem Schwarm per E-Mail zu. Ziehe mit dem Rosenquarz dreimal einen Kreis vor deinem Computer und blase dann vorsichtig die beiden Kerzen aus. Es ist wichtig, dass kein flüssiges Wachs auf deinen Computer gelangt. Nur so entwickelt dein Zauber seine ganze Kraft.

Du wirst sehen, der Junge, dem dein Herz gehört, wird sich schon bald bei dir melden. Vielleicht macht er dies, wenn er ähnlich schüchtern ist wie du, auch mit einer Mail. Aber das ist doch schon mal ein guter Anfang!

DIE LIEBE WACHSEN LASSEN

Du hast den Mann deines Herzens schon gefunden und bist dir ganz sicher, dass er der Richtige für dich ist. Doch leider hast du das Gefühl, dass er nicht das Gleiche für dich empfindet. Er will sich vielleicht noch nicht fest binden, seine Freiheit nicht aufgeben. Deshalb hast du Angst, dass seine Liebe zu dir nicht groß genug ist. Allerdings gibt es etwas, das du dagegen tun kannst – ein ganz einfacher Zauber. Voraussetzung ist jedoch, dass dein Freund ehrlich zu dir ist und wirklich etwas für dich empfindet. Wenn das nicht der Fall sein sollte, sei nicht traurig! Es ist besser, die Wahrheit zu kennen, als sich falschen Hoffnungen hinzugeben.

Was du brauchst:
- *1 Stück Schokolade*
- *Alufolie zum Einwickeln*
- *1 kleinen Schlüssel*
- *1 Rosenquarz*
- *1 blauen Beutel*

Am besten ist es, wenn du diesen Zauber bei Vollmond durchführst. Wenn du aber nicht so lange warten kannst, praktiziere ihn an einem Tag, an dem du deinen Freund nicht gesehen hast. Konzentriere dich einige Minuten ganz fest auf deinen Wunsch. Dann kann es losgehen: Lege alle oben genannten Gegenstände auf deinen Liebesaltar. Ermächtige sie, die Liebe wachsen zu lassen, die dein Freund für dich empfindet. Beiße ein Stück Schokolade ab und lass es langsam auf der Zunge zergehen. Denke dabei ganz fest an deinen Freund. Wickle dann die restliche Schokolade in die Alufolie und lege sie zusammen mit dem Schlüssel und dem Rosenquarz in den blauen Beutel. Es ist egal, aus welchem Stoff er ist, aber er sollte blau sein, denn dies ist die Farbe der wahren Liebe. Lege den Beutel an einen sicheren Ort, wo ihn niemand finden kann. Dies kann ein Fach in deinem Kleiderschrank, deinem Schreibtisch oder auch in einem Schmuckkästchen sein. Sprich, während du die Sachen in den Beutel packst, folgende Worte:

> *Dir gehört mein Herz*
> *Auch im tiefen Schmerz!*
> *Schenke auch du mir dein Herz,*
> *Damit unsere Liebe wachse und nie mehr erlösche!*

Lass den Beutel in seinem Versteck liegen, hole ihn nicht hervor. Du wirst spüren, wie die Gefühle deines Freundes mit jedem Tag ein bisschen tiefer werden. Seine Liebe für dich wird wachsen und gedeihen, so wie eine Pflanze, die man regelmäßig gießt. Ganz langsam wird seine Liebe fest und stark werden und durch nichts mehr zu erschüttern sein.

Ein Glück, den bist du los!

Diesen Zauberspruch kannst du verwenden, wenn du jemanden loswerden willst, der dich nervt. Vielleicht will der junge Mann nicht einsehen, dass eure Beziehung nur auf Freundschaft, aber nicht auf Liebe basiert. Oder ihr beide wart einmal ein Paar, doch nun empfindest du nichts mehr für ihn. Obwohl du ihm das auch schon mehrfach gesagt hast, lässt er nicht locker. Immer wieder versucht er, deine Meinung zu ändern.

Was du brauchst:
- *1 Wäscheklammer aus Holz*
- *1 schwarzen Filzstift*
- *1 Stück Stoff*
- *1 schwarzen Faden*
- *etwas schwarzen Pfeffer*

Du wirst nun eine kleine Puppe herstellen, die die Person darstellen soll, die dir so beharrlich nachläuft und das absolut gegen deinen Willen. Bemale die Wäscheklammer mit schwarzer Tinte, zeichne ein Gesicht darauf, wickle den Stoff darum und binde ihn mit dem Faden fest. Bestreue die Puppe nun mit dem Pfeffer. Sprich dabei folgende Worte:

Im Namen meiner Freiheit und meines Glückes –
Betrete dieses Haus nicht mehr!
Entferne dich von mir und suche dein Glück woanders!

Begrabe die Puppe in der Nähe des Hauses, in dem du wohnst. Es wird nicht lange dauern und dein Problem hat sich erledigt.

DAS HERZ EINES MENSCHEN GEWINNEN

Du hast deinen Traumtypen getroffen und dich Hals über Kopf in ihn verliebt. Natürlich möchtest du, dass deine Gefühle erwidert werden. Mit diesem Liebesritual kann dein Traum in Erfüllung gehen.

Was du brauchst:
- *1 frische Rose*
- *2 rote Kerzen*
- *2 weiße Porzellanteller*

Bei diesem Zauber ist es wichtig, den richtigen Zeitpunkt abzuwarten, denn er entwickelt nur dann seine volle Wirkung, wenn er bei Sonnenaufgang vollzogen wird. Stelle am Abend zuvor die Rose vor das Fußende deines Bettes und eine Kerze rechts und links von der Blume der Liebe.
Stelle deinen Wecker so, dass du die Zeit des Sonnenaufgangs auf gar keinen Fall verpasst.
Wenn es soweit ist, setze dich vor die Rose hin und atme ihren Duft ein. Schließe die Augen und denke ganz fest an den Mann deiner Träume. Bleibe mindestens sieben Minuten so sitzen. Dann kannst du die Augen langsam wieder öffnen. Sprich folgende Worte:

> *Wahre Liebe, komme zu mir!*
> *Diese Rose sei ihr geweiht,*
> *Bringe Glück und Erfüllung*
> *Auf ewig!*

Stelle jede Kerze auf einen Teller und zünde sie mit einem Streichholz an. Blicke fest in die Flamme. Sie symbolisiert das Aufflackern der Liebe im Herzen deines Traummanns – natürlich für dich. Lösche die Kerzen dann, ziehe die Rose einmal durch den Rauch beider Kerzen und vergrabe sie an deinem Lieblingsplatz. Du wirst nicht enttäuscht werden! Schon bald werdet ihr ein glückliches Paar sein.

Du fühlst dich vernachlässigt

In letzter Zeit findet dein Freund keine Zeit mehr für dich, immer hat er etwas anderes vor. Am Anfang warst du eifersüchtig und hattest die Befürchtung, dass eine andere im Spiel sein könnte. Doch nun bist du sicher: Das ist nicht der Fall. Trotzdem seht ihr euch kaum noch. Er ruft nur noch selten an, obwohl er verspricht, sich bei dir zu melden.

Und selbst, wenn ihr dann einmal verabredet seid, spricht dein Freund kaum mit dir, er starrt stattdessen ins Fernsehen, sitzt am Computer oder liest ein Buch. So kann es nicht weitergehen!

Was du brauchst:
- *1 Foto von deinem Freund*
- *1 Lupe*
- *1 weiße Kerze*
- *1 rote Kerze*

Lege das Foto von deinem Freund vor dich hin und betrachte es eingehend. Stelle die weiße Kerze links von dem Foto auf, die rote rechts davon. Zünde zunächst die weiße Kerze an. Erinnere dich an die guten Zeiten mit ihm, an schöne Dinge, die ihr miteinander erlebt habt. Erinnere dich auch daran, welche Eigenschaften du an ihm immer besonders geliebt hast.

Halte nun die Lupe über sein Gesicht auf dem Bild. Seine Gesichtszüge werden vergrößert, seine Augen und sein Mund springen dir förmlich entgegen. Sie scheinen sich zu bewegen, lebendig zu werden. Zünde nun die rote Kerze an. Sprich dabei folgende Worte:

Lass nicht zu, dass die Flamme
Unserer Liebe erlischt,
An Beiläufigkeit erstickt.
Sie möge wieder lebendig werden
Mit frischer Kraft,
Die Anstrengungen und Verletzungen der Vergangenheit hinter
Sich lassend,
Mit frischer Leidenschaft neu erblühen!

Führe das Foto von links nach rechts durch den Rauch der Kerze. Lösche die Flamme und lege das Foto wieder an seinen angestammten Platz. Es wird nicht lange dauern und dein Freund wird sich bei dir melden. Du wirst ihn kaum wieder erkennen, so sehr wird er dich umschmeicheln und sich um dich bemühen.

KEINE CHANCE DEM LIEBES-KUMMER

Liebeskummer zu bekämpfen ist eine schwierige Sache, auch für erfahrene Hexen. Leider kommt es immer wieder vor, dass du in einer Liebesbeziehung enttäuscht wirst, weil du die Beziehung zu einem Jungen wichtiger genommen hast als er. Du hast ihn von ganzem Herzen geliebt, doch er hat mit deinen Gefühlen gespielt, dich vielleicht sogar belogen und betrogen. So etwas tut weh. Doch du musst den Kopf nicht hängen lassen, es gibt einen Weg aus deiner Traurigkeit heraus. Mit ein paar magischen Tricks kannst du dafür sorgen, dass du diesen Weg recht schnell finden wirst. Bedenke außerdem: Wer dir das Herz bricht, tut dir nicht gut. Blicke nach vorne und weine ihm keine Träne nach.

Was du brauchst:
- *1 weiße Kerze*
- *Räucherwerk aus Salbei oder getrocknete Salbeiblätter*

Dieses Ritual muss am Morgen durchgeführt werden, direkt nach dem Aufstehen. Stelle die weiße Kerze auf deinen Liebesaltar. Zünde sie mit ein paar Streichhölzern an und entzünde dann auch den Salbei. Schließe die Augen und atme den reinigenden Duft tief ein. Sprich folgende Worte:

Ich bin ein wertvoller Mensch,
Liebenswert und einzigartig.
Ich trage die Liebe des Universums in mir
Und werde diese Liebe auch empfangen –
Sobald es an der Zeit und für mich gut ist.

Konzentriere dich darauf, Abschied zu nehmen. Abschied von dem Mann, der dich verletzt hat und Abschied von deiner Trauer. Wiederhole dieses Ritual jeden Tag. Schon bald wirst du frei sein von den Belastungen der Vergangenheit und wieder zuversichtlich in die Zukunft blicken können.

LIEBESKUMMER II

Liebeskummer ist nicht nur eine besonders traurige Angelegenheit, sondern kann auch ausgesprochen hartnäckig sein. Deshalb möchte ich dir noch einen Zauberspruch ans Herz legen, der dazu führen wird, dass deine Tränen schon bald versiegen und du endlich wieder lachen kannst. Schon bald wird dein Herz wird wieder frei sein, frei, um sich neu zu verschenken.

Was du brauchst:
- *1 weiße Kerze*
- *1 rote Kerze*
- *1 roten Filzstift*
- *1 Bogen Papier*
- *3 Tropfen Sandelholzöl*
- *3 Tropfen Jasminöl*
- *Streichhölzer*
- *2 feuerfeste Untergründe*

Gib zuerst vorsichtig das Jasminöl auf die weiße Kerze und dann das Sandelholzöl auf die rote. Denke dabei ganz fest an deinen Exfreund und daran, was er dir alles angetan hat. Führe dir jede Einzelheit vor Augen, konzentriere dich, damit du nichts vergisst. Stelle nun die weiße Kerze auf einen feuerfesten Untergrund und zünde sie dann an. Schreibe mit dem roten Filzstift jede einzelne Verfehlung deines Exfreundes, die dir eingefallen ist, auf den Bogen Papier. Zünde nun die rote Kerze an, nachdem du auch sie auf einen feuerfesten Untergrund gestellt hast. Lies jeden Punkt, den du notiert hast, laut vor. Zerreiße dann das Stück Papier und halte die Fetzen über die Flamme der roten Kerze, bis sie Feuer fangen. Lass sie verbrennen und zu Asche werden. Diese Asche wird alles sein, was von deinem Liebeskummer übrig bleibt.

Einen Freund finden

Alle deine Freundinnen haben ihn schon gefunden – den Mann ihres Herzens. Nur du bist noch alleine, obwohl du dir nichts sehnlicher wünschst, als endlich nicht mehr solo zu sein. Du tust dein Möglichstes, aber der Richtige will einfach nicht auftauchen. Und es ist ja auch in der Tat gar nicht so einfach, einen Menschen zu finden, der wirklich gut zu dir passt. Schließlich bist du anspruchsvoll und willst dich nicht auf irgendjemanden einlassen, der dir dann vielleicht nur wehtut. Du bist auf der Suche nach der wahren Liebe, nicht nur nach einem kleinen Flirt. Und das ist natürlich auch vollkommen richtig.

Was du brauchst:
- *2 rote Kerzen*
- *Weihrauch-Räucherwerk*
- *Rosenblätter*
- *1 Nadel*

Ritze mit der Nadel in jede Kerze ein Herz. Stelle die beiden Kerzen in einem Abstand von etwa einem Meter voneinander auf. Umstreue sie mit den Rosenblättern.
Lass jeden Morgen und jeden Abend mindestens sieben Minuten etwas Weihrauch abbrennen und konzentriere dich während dieser Zeit hundertprozentig auf deinen Wunsch. Rücke die Kerzen jedes Mal etwas näher zusammen. Führe dieses Ritual mindestens drei Tage hintereinander durch. In der letzten Nacht sollten die schon ziemlich heruntergebrannten Kerzen unmittelbar nebeneinander stehen. Zünde sie an und lass sie zusammen abbrennen. Halte von nun an die Augen offen, denn schon bald wird ER vor dir stehen und die Zeit der Einsamkeit wird ein für alle Mal vorbei sein.

FREUNDSCHAFT IN LIEBE VERWANDELN

Eigentlich könntest du dich glücklich schätzen, denn du bist verliebt. Doch der Mann deines Herzens hat keine Ahnung davon. Und das ist nicht das einzige Problem – denn er ist nicht irgendjemand, sondern ein Freund von dir. Ihr beide kennt euch schon eine ganze Weile und ihr habt euch immer gut verstanden. Dann hat sich allerdings plötzlich alles für dich verändert. Immer, wenn du ihn gesehen hast, hat dein Herz angefangen zu rasen und du hattest Schmetterlinge im Bauch. Die Symptome sind eindeutig: Du hast dich verliebt. Bei ihm jedoch scheint Amor seinen Pfeil nicht abgeschossen zu haben. Du bist ratlos, denn du willst ihn nicht als Freund verlieren, indem du ihm deine Liebe gestehst. Allerdings kannst du deine Gefühle unmöglich länger verbergen, willst es auch gar nicht ...
Mit diesem Ritual wird es dir gelingen, die Liebe auch bei ihm zu entfachen. Und schon bald werdet ihr ein glückliches Paar sein!
Ein Herz und eine Seele!

Was du brauchst:
- *1 EL Honig*
- *3 Blätter frische Minze*
- *13 Pfefferkörner*
- *3 rote Rosenblätter*
- *1 Ei*
- *1 roten Filzstift*
- *1 Stück weißen Stoff*
- *1 kleine Holzschale*

Schreibe mit dem Filzstift vorsichtig den Namen deines Angebeteten auf das Ei. Sollte es zerbrechen, so ist dies ein Zeichen dafür, dass es ein großer Fehler wäre, mit diesem Jungen eine Liebesbeziehung einzugehen.
Gib nun den Honig, die Minze, die Pfefferkörner und die Rosenblätter in die Holzschale. Reibe das Ei mit dieser Mischung ein, sodass es völlig bedeckt ist. Lege es dann auch in die Holzschale und verschließe sie mit dem Stück weißen Stoff. Stelle sie nun an einen Ort, wo du sicher sein kannst, dass niemand sie finden wird und lass sie

dort drei Tage und drei Nächte stehen. Hole sie dann wieder hervor und vergrabe sie bei Mondschein in der Nähe deiner Wohnung. Noch vor dem nächsten Neumond werdet ihr ein Paar sein!

DEN GELIEBTEN ZURÜCK-GEWINNEN

Er war und ist deine große Liebe. Du kannst ihn einfach nicht vergessen, obwohl ihr euch getrennt habt. Auch, wenn in eurer Beziehung nicht alles so gelaufen ist, wie es eigentlich sollte, ist er noch immer der Einzige, mit dem du zusammen sein willst. Schließlich habt ihr nicht nur schlechte, sondern auch sehr schöne Zeiten miteinander erlebt. Und genau damit willst du weitermachen. Es gibt so vieles, was ihr noch zusammen entdecken könnt, denn eigentlich seid ihr doch ein Traumpaar. Außerdem habt ihr beide aus euren Fehlern gelernt und einem gelungenen Neuanfang steht eigentlich nichts im Wege, was nicht mit einem magischen Ritual und einem passenden Zauberspruch bereinigt werden könnte.

Was du brauchst:
- *2 rote Kerzen*
- *1 Schachtel*
- *1 Stecknadel*
- *1 Zwiebel*

Bei diesem Liebeszauber ist es sehr wichtig, dass du dich hundertprozentig auf deine Gefühle konzentrierst. Stelle dich dem Schmerz über die Trennung und der Sehnsucht nach einer glücklichen Wiedervereinigung. Aber auch bei diesem Zauber brauchst du eine Menge Geduld. Der ideale Zeitpunkt, damit dieses Liebesritual seine volle magische Kraft entfalten kann, ist der Freitag.
Stelle die beiden roten Kerzen vor dich hin und zünde sie an. Blicke in ihre Flammen und denke ganz fest an deinen innigsten Wunsch. Stecke nun die Nadel langsam in die Zwiebel und stelle dir vor, wie du damit einen Gedanken in den Kopf deines Freundes pflanzt.

Sprich dabei folgende Worte:

Nicht in diese Zwiebel will ich stechen,
Sondern in deine Gedanken und dein Herz.
Denke an mich bei Tag und bei Nacht.
Komm zu mir zurück und sage: Ich liebe dich!
Auf dass wir glücklich werden jetzt und für immer
Und denken an Trennung niemals mehr!

Lege die Zwiebel an einen Platz, der von der Sonne beschienen wird. Denn die Liebe braucht Kraft und Energie, damit sie wachsen kann. Wiederhole das Ritual an sieben Tagen, möglichst immer zur gleichen Tageszeit. Sobald sieben Nadeln in der Zwiebel stecken, kannst du sie in den Garten oder in einen Blumenkasten setzen. Nun ist der Zauber wirksam. Die Stunden deiner unerfüllten Sehnsucht sind gezählt!

EINE ALTE LIEBE LÖSCHEN

Dein früherer Freund akzeptiert nicht, dass die Zeit eurer Liebe vorbei ist. Er ruft dich ständig an, um sich mit dir zu verabreden. Manchmal wartet er sogar auf dich, läuft dir wie zufällig über den Weg und drängt dir ein Gespräch auf. Dabei bist du der Ansicht, dass es zwischen euch beiden schon längst nichts mehr zu besprechen gibt. Vielleicht gehört dein Herz sogar schon längst einem anderen. Aber dein Exfreund will das einfach nicht einsehen. Für ihn bist du noch immer die Frau seiner Träume, dabei wünschst du dir nichts sehnlicher, als von ihm in Ruhe gelassen zu werden.

Was du brauchst:
- *1 Foto von deinem Exfreund*
- *1 kleine rosafarbene Kerze*
- *1 Schere*
- *weiße Kreide*

Lege das Foto vor dich hin und betrachte es mindestens drei Minuten lang eingehend. Verabschiede dich von dem Menschen, den du darauf siehst. Bedanke dich bei ihm für die schönen Dinge, die ihr zusammen erlebt habt.
Zünde nun die Kerze an und schneide das Bild in der Mitte durch. Halte die beiden Hälften nacheinander in die Flamme.

Sprich dabei folgende Worte:

> *Diese Flamme wird die Liebe, die du für mich empfindest*
> *In Nichts auflösen.*
> *Nichts wird von ihr übrig bleiben,*
> *Außer einer schönen Erinnerung!*
> *Teil der Vergangenheit,*
> *Ohne Bedeutung für die Zukunft.*

Lass die Kerze so lange brennen, bis sie von selbst ausgeht. So wie die Kerze zusehends ihre Kraft verliert, wird auch die Liebe deines Exfreundes vergehen und du wirst – genau wie er – endlich wieder frei sein.

DEIN LIEBESGLÜCK FINDEN

Du bist dir ganz sicher, dass er der Richtige ist. Noch niemals zuvor hattest du so starke Gefühle bei einem Jungen. Doch leider scheint er nicht dasselbe für dich zu empfinden, zumindest noch nicht. – Aber das ist kein Grund zu verzweifeln! Mit ein paar magischen Tricks und dem richtigen Zauberspruch wird sich die Situation ganz schnell ändern. Plötzlich wird er dich in einem ganz anderen Licht sehen und sich unwiderstehlich zu dir hingezogen fühlen. Dann steht einer gemeinsamen, glücklichen Zukunft nichts mehr im Wege.

Was du brauchst:
- *7 Rosenblätter*
- *7 Tropfen Rosenöl*
- *7 Samenkörner*
- *Erde*
- *1 Silberring*
- *1 Blatt*
- *7 Haare*
- *1 Faden Nähgarn*
- *1 Stofftüte*
- *1 Blumentopf*
- *1 Gegenstand, den dein Wunschpartner berührt hat*

Während du diesen Liebeszauber durchführst, konzentriere dich ganz fest auf deinen Wunschpartner. Stelle dir vor, was ihr alles zusammen erleben könnt, wie eure gemeinsame Zukunft aussehen könnte. Zupfe dir vorsichtig, am besten mit einer Pinzette, sieben Haare aus und rolle sie in das Blatt ein. Wickel den Faden darum herum und verknote ihn fest, damit die Rolle nicht wieder aufgeht. Binde diese mit einem weiteren Stück des Nähgarns an den Ring. Lege das Ganze in die Stofftüte, streue die Rosenblätter darüber und gebe den Gegenstand hinzu, den der Junge deines Herzens berührt hat. Verteile nun die Erde darüber und knote die Tüte oben zu, damit nichts herausfallen kann.

Lege nun die gefüllte Tüte in den Blumentopf. Schütte so viel Erde darauf, bis die Tüte nicht mehr zu sehen und von einer mindestens drei Zentimeter dicken Schicht bedeckt ist. Verteile in diese Schicht die Samenkörner, dann sprenkle gleichmäßig etwas Rosenöl über die Erde.

Sobald der Samen anfängt zu wachsen, wird auch die Liebe deines Wunschpartners zu dir wachsen.

EINE KONKURRENTIN AUS- STECHEN

Das Interesse deines Freundes gehört nicht mehr dir allein. Zuerst wolltest du es nicht recht glauben, aber nun ist sonnenklar, dass du eine Nebenbuhlerin hast. Aber schon allein der Gedanke daran, deinen Freund an eine andere zu verlieren, bricht dir beinahe das Herz. So kann es nicht weitergehen, du musst etwas unternehmen! Dieser Zauber wird dir helfen, deinen Freund zurückzugewinnen. Ab sofort wird er seine Zeit wieder dir allein widmen.

Was du brauchst:
- *1 weiße Kerze*
- *1 rote Kerze*
- *1 Stück Papier*
- *1 Briefumschlag*
- *1 blauen und 1 roten Filzstift*

Für die Wirkung dieses Zaubers ist es sehr wichtig, dass du den richtigen Zeitpunkt wählst, um ihn zu praktizieren. Das Ritual sollte unbedingt bei abnehmendem Mond vollzogen werden, damit es seine ganze Kraft entfalten kann.

Gehe an einen Ort, an dem du ungestört bist, denn du brauchst deine ganze Konzentration. Lege das Stück Papier vor dich hin und knie davor nieder. Schreibe den Namen der Person, für die sich dein Freund interessiert, mit blauem Filzstift auf das Papier.

Zünde nun die weiße Kerze an und lass ihr Wachs langsam auf den Namen deiner Konkurrentin tropfen, bis er ganz mit einer Wachsschicht bedeckt ist. Während du dies machst, wünsche dieser Person Glück in der Liebe, nur nicht mit deinem Partner. Schicke ihr freundliche Gefühle und bitte sie in Gedanken, den Kontakt zu deinem Freund abzubrechen.

Schreibe nun mit dem roten Stift deinen Namen und den deines Freundes auf das Papier. Zünde die rote Kerze an und tropfe mit ihrem flüssigen Wachs ein Herz um die beiden Namen. Lasse das Wachs erkalten und falte das Blatt Papier zusammen. Schiebe es in den Briefumschlag und bewahre ihn sieben Tage und sieben Nächte unter deinem Kopfkissen auf.

Nun kannst du entspannt abwarten. Deine Konkurrentin wird schon bald vergessen sein.

DEN ZUKÜNFTIGEN PARTNER IM TRAUM SEHEN

Noch bist du zwar alleine, aber du bist durchaus an einer Partnerschaft interessiert und würdest dich freuen, einen Freund zu haben, der dich wirklich liebt. Außerdem bist du neugierig und wüsstest zu gerne, wie er aussieht, damit du ihn, wenn er dir über den Weg läuft, auch sofort erkennst. Auch kannst du dir so sicherlich einige Enttäuschungen ersparen. Du wirst dein Herz nicht mehr an den Falschen verschenken, an einen Mann, der es vielleicht gar nicht ehrlich mit dir meint.

Was du brauchst:
- *1 weiße Kerze*
- *1 EL Haferkörner*
- *1 EL Leinsamen*
- *Rosenblätter*
- *1 EL zerstoßene Vanille*
- *1 ungefärbtes Leinensäckchen*
- *1 rotes Satinband*

Der richtige Zeitpunkt für diesen Zauber ist eine Vollmondnacht. Zünde die Kerze mit einem Streichholz an, schließe die Augen und sprich folgende Worte:

> *Wer mein Geliebter sein soll,*
> *Komme im Traum*
> *Und erscheine mir,*
> *Damit ich dich in meinem Herzen trage,*
> *So wie ich in deinem bin.*

Öffne die Augen wieder und gebe Haferkörner, Leinsamenkörner, Rosenblätter und die zerstoßene Vanille in das Leinensäckchen. Binde es mit dem roten Satinband zusammen und lege es unter dein Kopfkissen. Dort muss das Säckchen mindestens bis zum nächsten Vollmond ruhen. Deine Träume werden eine deutliche Sprache sprechen und dich nicht enttäuschen.

LIEBES- UND SCHUTZZAUBER

Dies ist ein Zauber, den du von Zeit zu Zeit immer wieder durchführen kannst und auch durchführen solltest, denn er ist nicht an ein Problem, das es zu beheben gilt, gebunden. Und wenn du dieses Ritual regelmäßig durchführst, wird es auch in Zukunft sicherlich keine Probleme geben, denn dieser Zauber schützt und bestärkt eure Liebe, auf dass sie lange und in Harmonie erhalten bleiben möge.

Was du brauchst:
- *6 Radieschen*
- *3 Prisen Salz*
- *etwas Bier*
- *1 Glas mit Schraubverschluss*
- *1 Haarsträhne von dir*
- *1 Haarsträhne von ihm*
- *1 rote Kerze*
- *1 weiße Kerze*

Radieschen, Salz und Bier sind schützende Lebensmittel, die negative Energien unter Kontrolle halten. Radieschen können außerdem Leidenschaft entfachen. Um die volle Wirkung dieses Zauberspruchs zu entfachen, brauchst du allerdings etwas Geduld. Der Erhalt einer glücklichen Beziehung ist dies jedoch mit Sicherheit wert.

Warte, bis aus den Radieschen Keime sprießen. Schneide diese bei Vollmond ab und gebe sie in das Glas, in das du zuvor schon das Bier gegossen hast. Es muss nicht bis oben hin gefüllt sein, das Bier sollte die Keime aber auf jeden Fall vollständig bedecken. Streue nun das Salz darüber und lege auch die beiden Haarsträhnen in das Glas hinein. Sprich dabei folgende Worte:

Ewige Liebe, Gleichklang der Herzen!
Unsere Liebe möge nie vergehen,
Sondern wachsen und sprießen,
Jahr um Jahr!

Zünde die beiden Kerzen an. Verschließe das Glas und versiegele es, indem du den Verschluss mit dem herabtropfenden Wachs erst der weißen und dann der roten Kerze vollständig bedeckst. Verstecke das Glas unter deinem Bett oder an einem anderen Ort, wo es niemand findet.

Zauber für Vertrauen und Verständnis

Du liebst deinen Freund von ganzem Herzen, aber manchmal redet ihr einfach aneinander vorbei. Dann streitet ihr euch, ohne dass du so recht begreifen kannst, wie es überhaupt dazu gekommen ist. Außerdem neigst du zur Eifersucht und fühlst dich vor den Kopf gestoßen, wenn dein Freund mal etwas ohne dich unternehmen will. Dein Freund versteht das nicht und macht dir Vorwürfe. Oft redet ihr dann tagelang nicht mehr miteinander. Du bist beleidigt und er schmollt, weil er sich von dir eingeengt fühlt. Doch du willst deinen Freund nicht verlieren. Dieser Liebeszauber wird dir helfen, dass eure Streitereien bald ein Ende haben. Du wirst keine Angst mehr haben, ihn zu verlieren und einsehen, dass du ihm vertrauen kannst. Und auch er wird verstehen, dass er dich nicht vernachlässigen sollte, dir keinen Grund liefern darf, an seiner Liebe zu zweifeln.

Was du brauchst:
- Rosenblätter
- 1 frisch gemahlene Muskatnuss
- 1 Vanillestange
- 1 EL Zimtpulver
- 1 Mörser
- 1 Holzlöffel
- 1 kleines Seidenbeutelchen
- 1 rotes Seidenband

Aus diesen Zutaten wirst du ein Duftpulver herstellen, das seine magische Wirkung auf mehrere Arten entfalten kann. Zimt hat die Eigenschaft, Ehrlichkeit zu fördern, sodass ihr neue Wege findet, miteinander zu reden. Muskat unterstützt das Vorstellungsvermögen und die Wahrheitsliebe. Rosen und Vanille öffnen die Gefühle für Liebe und Vertrauen. Die Kombination aller vier Zutaten wirkt reinste Wunder ...

Zerstoße die Rosenblätter und die Vanillestange in einem Mörser, gib dann die gemahlene Muskatnuss hinzu. Streue nun das Zimtpulver darüber und mische alles mit einem Holzlöffel gut durch. Holz besitzt positive und heilende Kräfte.

Fülle das Gemisch in das Seidenbeutelchen und binde es mit dem Band fest zu. Trage den Beutel immer bei dir und du wirst spüren, wie du ruhiger und gelassener reagierst. Endlich kannst du deinem Freund richtig zuhören und auch er wird dir gegenüber offener werden. Die Zeit der Geheimniskrämerei ist vorbei.

Wenn du einen Anruf erledigen musst, der dir im Magen liegt, kannst du auch das Telefon mit der Gewürzmischung bestreuen, bevor du anrufst. Das Verständnis füreinander wird größer sein, als du vermutest!

ZAUBER, DER EINE BEZIEHUNG VOR DEM ENDE BEWAHRT

Dein Freund und du, ihr habt euch gestritten und diesmal war es nicht nur irgendein Streit, sondern wahrscheinlich das Aus für eure Beziehung. Doch du willst deinen Freund nicht verlieren, denn du liebst ihn immer noch. Ein Leben ohne ihn kannst du dir einfach nicht vorstellen. Du willst alles tun, um eure Beziehung wieder zu kitten. Alles, was du dir wünschst, ist ein Neuanfang.

Was du brauchst:
- *1 Walnuss*
- *1 Eichel*
- *1 Rosskastanie*
- *6 Tropfen Rosenöl*
- *1 Blumentopf*
- *Blumenerde*

Fülle den Topf bis zur Hälfte mit Erde. Zerlege die Walnuss in zwei Hälften und lege sie mit der offenen Seite nach oben in den Topf hinein. Träufle auf jede der Hälften drei Tropfen Rosenöl. Sprich dabei folgende Worte:

> *Verletzungen heilen, Enttäuschungen vergehen*
> *Ein liebendes Herz kann verzeihen.*
> *Vergeben und vergessen*
> *Seien die Fehler der Vergangenheit.*
> *Vertrauen möge wachsen auf ein ewiges Glück!*

Lege nun auf die eine Hälfte der Walnuss die Eichel, auf die andere die Rosskastanie. Die Eichel steht für die Frau, die Rosskastanie für den Mann. Die Walnuss symbolisiert Wandlung und Neuanfang. Fülle nun auch die restliche Erde in den Topf und drücke sie fest. Gebe regelmäßig etwas Wasser dazu, am besten in der Phase von Vollmond bis zum nächsten Vollmond, ansonsten über einen Zeitraum von vier Wochen.
Du kannst sicher sein, dass eure Liebe eine zweite Chance bekommt. Wenn du nach einiger Zeit einen grünen Keim in deinem Topf entdeckst, ist dies ein Zeichen dafür, dass eure Liebe nicht nur neu erblühen wird, sondern dass ihr beide für immer ein Paar bleiben werdet.

APFELZAUBER FÜR UNSTERBLICHE LIEBE

Wer wünscht sich das nicht: eine Liebe, die nie vergeht, immer so romantisch und gleichzeitig leidenschaftlich bleibt wie am Anfang. Ein schöner Traum – doch dabei muss es nicht bleiben, wenn du ein bisschen Magie mit ins Spiel bringst. Folgendes Ritual wird helfen, dir deinen Wunsch zu erfüllen. Zumindest werden die Voraussetzungen geschaffen, damit du dauerhaftes Liebesglück erleben kannst. Du selbst musst natürlich auch deinen Teil dazu beitragen, damit es gelingt. Denke immer daran: Wenn du deinen Freund vernachlässigst, ihn belügst oder hintergehst, kann selbst der stärkste Zauber keine Wunder bewirken.

In der Welt der Magie ist der Apfel ein viel verwendetes und starkes Symbol. Er steht für Liebe, Unsterblichkeit, Verführung und Fruchtbarkeit. Deshalb eignet er sich hervorragend für einen Liebeszauber, der das Feuer der Liebe erhält und es auch wieder neu entfachen kann, sollte es bereits ein wenig erloschen sein.

Was du brauchst:
- *1 roten Apfel*
- *1 Messer*
- *einen roten Filzstift*
- *1 Stück Papier*
- *1/4 TL Honig*
- *Nelken*
- *Zimt*
- *2 rosafarbene Kerzen*
- *1 rotes Teelicht*
- *einige Tropfen Rosenöl*

Lege alle Zutaten, die du benötigst, vor dich hin. Stelle rechts und links davon jeweils eine rosafarbene Kerze auf und zünde sie an. Sprich folgende Worte dabei:

> *Unsere Liebe sei beständig,*
> *Lebendig wie am ersten Tag*
> *Voller Wärme und Licht!*

Schreibe mit dem roten Filzstift deinen Namen und den deines Freundes auf das Stück Papier. Falte es zusammen und gebe einige Tropfen Rosenöl darauf. Schneide den oberen Teil des Apfels ab und lege ihn beiseite. Höhle den Apfel aus und behalte ein kleines Stück als Deckel übrig. Lege das Papier in den Apfel hinein und bedecke es mit den Kräutern und dem Honig. Setze zuletzt das Teelicht ein. Führe den Apfel durch den Rauch der Kerzen und wiederhole dabei deinen Zauberspruch. Zünde nun das Teelicht in dem Apfel an. Lege den Apfeldeckel auf den Apfel und lösche so das Teelicht. Vergrabe den Apfel im Garten oder in einem Blumentopf.

Du wirst feststellen, dass die Liebe zu deinem Freund und auch seine Liebe zu dir noch tiefer wird. Vergiss alle Ängste und gib dich mit ganzem Herzen dieser Beziehung hin.

HONIG-LIEBESZAUBER

Dieser Zauber kann dir die Liebes deines Lebens bringen. Ein Mensch, der in dich verliebt ist, wird sich ein Herz fassen und dir seine Gefühle gestehen.

Nicht umsonst gelten Bienen seit Urzeiten als die Boten der Götter und ihrem Erzeugnis, dem süßen, klebrigen Honig, werden magische Kräfte nachgesagt. Er eignet sich für jede Art von Liebeszauber und ist außerdem auch in vielen Schönheitsprodukten enthalten, denn er bringt auf geheimnisvolle Weise deine Schönheit zum Ausdruck. Wichtig ist, dass du den folgenden Zauber bei Neumond durchführst. Steige in die Wanne oder unter die Dusche und reibe dein Gesicht oder auch deinen ganzen Körper mit Honig ein. Sprich dabei laut alle Eigenschaften aus, die du an dir selbst gerne ändern würdest und dann die Dinge, die du gerne bei deinem zukünftigen Freund sehen würdest. Lass den Honig mindestens drei Minuten auf deiner Haut und wasche ihn dann mit einer Seife aus Olivenöl ab. Wenn du eine solche Seife nicht besitzt, kannst du den Honig auch einfach mit warmem Wasser abwaschen. Denn: Ein leichter Duft von Honig kann sehr verführerisch wirken. Lass deine Haut an der Luft trocknen.

Mit Hilfe dieses Rituals wirst du einen Menschen anziehen, der schon seit langem in dich verliebt ist und es wirklich ernst mit dir meint.

DER LIEBES-GARTEN

Die Natur hilft dir weiter, wenn es um die Liebe oder die Schönheit geht. Du musst nur wissen, welche Pflanzen dir wobei nützlich sein können und welche magischen Eigenschaften sie haben. Deshalb habe ich ein paar Beispiele für dich zusammengetragen. Dank dieser Pflanzen wirst du dein Ziel garantiert erreichen. Aber natürlich musst du auch ein wenig Geduld aufbringen, wenn deine Bemühungen erfolgreich sein sollen. Auch hier gilt: Zauber und Magie können keine Wunder bewirken, aber sie können Empfindungen verstärken.

LIEBESKRÄUTER

Kräuter gehören seit jeher zum Wirkungskreis der Hexen. Mit ihnen können nicht nur körperliche Leiden behandelt, sondern auch magische Rituale wirkungsvoll unterstützt werden. Am besten ist es, wenn du deine Kräuter selbst sammelst oder sogar in deinem eigenen Kräutergarten ziehst – wobei du dich möglichst am Mondzyklus orientieren solltest. Denn die magischen Pflanzen sind noch energiehaltiger, wenn sie in Harmonie mit der Natur aufgezogen werden.

11 Pflanzen für Schönheit und Wohlbefinden

In einigen auf den ersten Blick ganz unscheinbar aussehenden Pflanzen schlummern Fähigkeiten, die du ihnen gar nicht zutrauen würdest. Sie sind gut für die Schönheit und damit natürlich auch für dein Selbstbewusstsein. Und ein gesundes Selbstbewusstsein sollte eine Hexe auf jeden Fall besitzen. Auch für die Liebe ist es hilfreich, wenn du dich nicht wie ein unscheinbares Mauerblümchen fühlst.

Aloe

In dieser Pflanze stecken einhundertsechzig Wirkstoffe, die wissenschaftlich nachgewiesen wurden. Der Saft des Liliengewächses stärkt nicht nur die körpereigenen Abwehrkräfte, sondern hilft bei Magenschmerzen, heilt Wunden, fördert die Zellerneuerung und hält die Haut elastisch.

Maske als Muntermacher für müde, fahle Gesichtshaut
3 Esslöffel Aloe-Gel (Reformhaus) mit einem geschlagenen Eiweiß, 3 Esslöffeln Honig und 2 Esslöffeln Hafermehl mischen. Die Maske gleichmäßig auf dem Gesicht auftragen und 30 Minuten einwirken lassen. Dann mit kaltem Wasser gründlich abwaschen. Du wirst dich fühlen wie neu geboren!

Augentrost

Die Pflanze für verführerische Blicke: Sie hilft bei Entzündungen und Übermüdung der Augen.

Belebende Augencreme (gegen geschwollene Augen, Rötungen und Reizungen)
1 $\frac{1}{2}$ Esslöffel getrockneten Augentrost mit 60 ml kochendem Wasser übergießen. 45 Minuten ziehen lassen, dann abseihen. Zwei Kompressen mit dem Kräuteraufguss tränken und etwa 15 Minuten auf die geschlossenen Augen legen. Du wirst spüren, wie sie sich entspannen. Schon bald werden deine Augen wieder verheißungsvoll strahlen.

Dill macht unwiderstehlich

Dill kennst du sicher als Küchengewürz für zahlreiche Speisen. Aber dieses Kraut kann noch viel mehr. Als Badezusatz macht es ungeheuer anziehend für das andere Geschlecht.

Verführerischer Dillsud fürs Badewasser

Für den Sud solltest du vier bis fünf Stiele Dillkraut mit 150 ml kochendem Wasser übergießen und eine halbe Stunde ziehen lassen. Achte darauf, dass der Sud noch möglichst warm ist, dann entwickelt der Dill seine Wirkung besonders gut. Tauche ein Frotteetuch (zum Beispiel ein Handtuch) in den Dill-Aufguss und lege es dir auf den Bauch. Lege nun noch ein zweites, trockenes Handtuch darüber und entspanne dich mindestens dreißig, besser fünfundvierzig Minuten lang. Schließe die Augen und gib dich ganz den Gedanken an deinen Liebsten hin.

Ringelblume stoppt Pickel und macht streichelzarte Haut

Die leuchtend gelbe Ringelblume gehört zu den ältesten Heilpflanzen. Sie hemmt Entzündungen bei Hautunreinheiten, wirkt beruhigend auf gestresste Haut. Deshalb ist sie auch zur Pflege bestens geeignet – und das Ergebnis kann sich sehen lassen. Damit wirst du deinen Traumtypen sicher beeindrucken!

Gesichtsdampfbad gegen Pickel

Übergieße 2 EL getrocknete Ringelblumen mit kochendem Wasser und halte dein Gesicht etwa zehn Minuten in den aufsteigenden Dampf. Tupfe dein Gesicht dann mit einem weichen Tuch oder einem Wattebausch vorsichtig ab. Wenn du möchtest, kannst du nun noch eine pflegende, sanfte Hautcreme auftragen.

Johanniskraut bekämpft trübe Gedanken

Tee aus getrocknetem Johanniskraut gilt als stimmungsaufhellend und hilft somit erstklassig gegen Liebeskummer. Dieses Kraut beruhigt und hilft dir, wieder neuen Mut zu fassen. Dank seines hohen Gerbstoffgehalts eignet sich Johanniskraut außerdem besonders gut, um ein Massageöl herzustellen. Es wirkt gegen Verspannungen und hilft dir, dich in deiner Haut so richtig wohl zu fühlen – und dann klappt es auch in der Liebe.

Wahre Schönheit kommt von innen – mit Johanniskrautöl hat Stress keine Chance

Gib 3 EL getrocknetes Johanniskraut in ein Glasgefäß und übergieße es mit 150 ml Mandelöl. Verschließe das Glas mit einem Stück Leinentuch und lasse das Ganze mindestens drei Wochen an einem dunklen, kühlen Platz ruhen. Wichtig ist, dass du dein Gefäß in regelmäßigen Abständen gut schüttelst, damit sich Johanniskraut und Mandelöl richtig miteinander vermischen können. Sind die drei Wochen verstrichen, kannst du das Öl durch ein Sieb in eine Flasche gießen. Verschließe sie gut, am besten mit einem Drehverschluss, so kannst du das Öl lange aufbewahren.

Kamille sorgt für Harmonie

Kaum ein Kraut wirkt gegen so viele Wehwehchen wie Kamille. Sie klärt unreine, fettige Haut, macht andererseits raue Stellen geschmeidig. Und ein kleiner Tipp: getrocknet in einem Schälchen oder als Duftöl verbreitet Kamille Frieden und fröhliche Stimmung.

Kamillenmilch gegen unreine Haut

Erhitze langsam 100 ml Milch und gebe 2 EL Kamillenblüten hinzu. Die Milch darf nicht kochen, du solltest sie aber so lange auf dem Herd lassen, bis sie intensiv nach Kamille riecht. Fülle die Kamillenmilch durch einen Filter in eine Flasche und stelle sie zumindest über Nacht, besser noch für einen Tag, in den Kühlschrank. Mit dieser Kamillenmilch kannst du dir nun abends und morgens das Gesicht abtupfen. Du wirst sehen, deine Haut wird so weich und geschmeidig, dass jeder Junge davon träumt, sanft mit seiner Hand darüber zu streichen.

Melisse bewahrt dich vor glühenden Wangen

Melisse wirkt, ähnlich wie auch Johanniskraut, belebend und aufmunternd. Doch diese Pflanze kann noch mehr. Sie beruhigt die Haut und hilft dir, Ruhe zu bewahren, wenn du dazu neigst, rot zu werden oder hektische Flecken zu bekommen. Das ist oft peinlich und in jedem Fall unangenehm.

Gesichtsspray gegen unerwünschte Anzeichen von Nervosität und Verlegenheit

Nimm 2 EL getrocknete Melisse und übergieße sie mit etwa 100 ml Wasser. Warte, bis sich der Aufguss abgekühlt hat und gieße ihn dann durch ein Sieb. Gib 3 Tropfen ätherisches Melissenöl hinzu und fülle die Mischung in einen Zerstäuber. So bist du gewappnet, wenn dich wieder einmal die aufsteigende Röte nervt.

Ackerschachtelhalm sorgt für samtweiche Haut

Diese eher unscheinbar aussehende Pflanze wird oft auch Zinnkraut genannt, weil sie früher zum Putzen von Zinngeschirr verwendet wurde. Und das Zinnkraut hat es in sich: Es verfügt nicht nur über blutstillende Eigenschaften, sondern hilft auch bei Blasenentzündungen. Und wenn man dieses Kraut mit Kastanien zu einer Creme verarbeitet, zaubert es verführerisch zarte Haut am ganzen Körper.

Körpercreme für weiche Haut, der niemand widerstehen kann

Für die Herstellung dieser Creme brauchst du ein wenig Geschicklichkeit. Als Erstes musst du ein paar Zutaten besorgen, denn es ist unwahrscheinlich, dass du alle zu Hause vorfindest. Du brauchst: 25 rohe Rosskastanien, mindestens 60 g Zinnkraut, 100 ml Rosenwasser, 20 g Gelatine und 10 g Agar-Agar (gibt's im Reformhaus, es handelt sich um einen natürlichen Emulgator aus Algen). Ritze die Kastanien in der Mitte über Kreuz ein und verteile sie auf einem Blech, das du zuvor mit Backpapier ausgelegt hast. Röste sie im Backofen (circa 180° C), bis sie platzen. Das dürfte nach etwa 30 Minuten der Fall sein. Schäle die Kastanien und zerreibe sie so fein wie möglich (zum Beispiel mit einer Käsereibe). Zerschneide das Zinnkraut und lass es zusammen mit dem Kastanienmehl in 1/2 Liter Wasser mehrmals aufkochen. Warte, bis der Sud erkaltet ist, dann kannst du ihn abseihen. Fülle die Hälfte des Rosenwassers in ein Gefäß, rühre Gelatine und Agar-Agar ein und lass das Gemisch kurz quellen. Erhitze den Rest des Rosenwassers in einem anderen Topf auf niedriger Flamme (es darf nicht kochen) und gebe zunächst die gequollene Masse und dann den Zinnkraut-Kastanien-Sud hinzu. Rühre die ganze Zeit gut um. Wenn sich alle Bestandteile zu einer gelartigen Substanz verbunden haben, fülle sie in einen Tiegel und lass sie gründlich abkühlen. Du besitzt nun eine Creme, die du ein- bis zweimal in der Woche anwenden kannst. Innerhalb kürzester Zeit wirst du die Verwandlung spüren, die sich mit deiner Haut vollzieht.

Schafgarbe reinigt die Haut nachhaltig

Wenn du unter großporiger, unreiner Haut leidest, dann ist dies noch lange kein Grund zu verzweifeln. Denn die Wirkstoffe der Schafgarbe reinigen deine Haut – und das nicht nur oberflächlich, sondern mit beachtlicher Tiefenwirkung. So kannst du unbesorgt sein – deine Hautprobleme werden schon bald der Vergangenheit angehören.

Reinigungsmaske für einen makellosen Teint
Übergieße 3 EL Schafgarbeblätter mit rund 175 ml kochendem Wasser. Lass das Ganze etwa 45 Minuten ziehen, dann kannst du es absehen, indem du den Aufguss durch ein Sieb schüttest. Doch die Maske ist noch nicht fertig: Gib zu jeweils 1 EL Schafgarbeaufguss eine geriebene Möhre und ein geschlagenes Eiweiß hinzu. Verrühre dies und trage es auf die betroffenen Körperpartien auf. 20 Minuten einwirken lassen, dann mit kaltem Wasser gründlich abwaschen und mit einem weichen Frotteetuch vorsichtig abtrocknen.

Rosmarin schenkt neue Energie

Mit dem würzigen Küchenkraut bekommst du neue Power, denn Rosmarin wirkt anregend und wohltuend. Auch wenn du unter Verspannungen leidest, kannst du sie mit Hilfe der grünen Nadeln vertreiben. Wenn du schlapp und müde bist, aber noch ein wichtiges Date hast, dann wird ein Bad in Rosmarin wahre Wunder bewirken. Und du wirst bei deiner Verabredung nur so vor Charme sprühen.

Nach einem Rosmarin-Bad fühlst du dich wie neu geboren
Mische 15 Tropfen ätherisches Rosmarinöl mit 4 EL Honig und gib dieses Gemisch zum lauwarmen Badewasser in die Wanne. Wenn du die Wirkung noch verstärken willst, kannst du zusätzlich noch Rosmarinäste in einen Leinensack stecken und diesen im Wasser schwimmen lassen.

Salbei nimmt den Fettglanz

Keine Chance für fettig glänzende Haut oder strähniges Haar dank Salbei! Dieses intensiv duftende Kraut mit den weichen Blättchen kann dir viele Sorgen nehmen. Die Gewürz- und Heilpflanze kann aber noch mehr: Wenn du regelmäßig eine Tasse Salbeitee trinkst, wirst du bald merken, dass du nicht mehr so schnell ins Schwitzen gerätst wie zuvor. Auch dann nicht, wenn du besonders aufgeregt bist, weil du mit deinem Herzblatt verabredet bist und ein ziemliches Flattern im Bauch verspürst.

Nie mehr glänzende Stellen auf Stirn, Nase oder Kinn

Braue aus 3 EL Salbei und etwa 200 ml kochendem Wasser einen kräftigen Sud. Tauche ein ungefärbtes Baumwolltuch hinein und tupfe damit die stark betroffenen Punkte deines Gesichts vorsichtig ab. Dies solltest du regelmäßig, jedoch keinesfalls täglich machen. Ab sofort sind für dich die glänzenden Zeiten Vergangenheit.

Nie mehr fettige Haare

Braue 1/4 l Salbeitee auf und lass ihn mindestens 3 Minuten ziehen. Gib dann 1 1/2 EL Apfelessig hinzu und mische das Ganze gründlich. Lass den Salbei-Essig abkühlen, bis er eine für deine Kopfhaut angenehme Temperatur hat. Nach dem Waschen in die Haare geben und einmassieren. Ein paar Minuten einwirken lassen, dann gründlich ausspülen. Die Prozedur nicht öfter als zweimal pro Woche durchführen. Dann wird dein Haar bald seidig, nicht mehr fettig glänzen.

Mein Hexentipp:

In meinen Rezepten verwende ich Öle und Kräuter. Alle Zutaten, die du nicht problemlos im Garten oder Wald findest oder sogar selbst anpflanzen kannst, findest du in Supermärkten oder in Apotheken und Reformhäusern.

Da einige der Kräuter Allergien auslösen können, solltest du alle Rezepte zunächst nur an einer kleinen Stelle deiner Haut (zum Beispiel in der Armbeuge) ausprobieren.

Deine selbst gemachten Kosmetika bewahrst du am besten im Kühlschrank auf, dort halten sie sich länger.

Getrocknete Kräuter, die du nicht gleich verbrauchst, solltest du in Blechdosen mit Deckel aufbewahren.

LIEBESBÄDER UND -ÖLE

Magie steht immer im Einklang mit der Natur, die uns zahlreiche edle Essenzen liefert. Du musst sie nur richtig zu nutzen wissen. Zu diesen überaus wertvollen Kostbarkeiten gehören auch die ätherischen Öle. Die Kenntnis um ihre Eigenschaften und ihre Anwendung ist über 5000 Jahre alt und war lange Zeit ein wohl gehütetes Geheimnis. Meine Kenntnisse darüber, die ich nun an dich weitergeben will, erhielt ich von meiner Lehrerin Maja. Denn gerade in Liebesdingen können dir die ätherischen Öle sehr hilfreich sein. Sie haben eine starke verführerische Wirkung auf die Sinne und steigern ganz einfach das Wohlbefinden. Sie können deine Fantasie beflügeln und berühren dein innerstes Selbst.

Ätherische Öle werden aus Pflanzen gewonnen. Jede Pflanze besitzt ihre eigene Ausstrahlung und ihren eigenen Duft. Für welchen du dich entscheidest, hängt ganz vom Zweck deines Zaubers und natürlich von deinen ganz persönlichen Duftvorlieben ab. Der natürliche Duft der ätherischen Öle kann dich mit wärmender Ruhe umgeben, Kraft schenken, entspannen, von Sorgen und Ängsten befreien und verführen.

Willst du die ätherischen Öle äußerlich anwenden, dann achte darauf, dass du sie immer verdünnt benutzt. Kommen die puren Öle mit der Schleimhaut in Berührung, müssen sie sofort mit viel Wasser abgespült werden.

Du kannst die ätherischen Öle ins Badewasser träufeln oder aus ihnen ein wirkungsvolles Massageöl kreieren. Natürlich können sie auch auf eine Duftlampe geträufelt werden (achte darauf, dass immer genügend Wasser in der Schale ist). So kannst du die Stimmung, die in einem Raum herrscht, stark beeinflussen – und zwar in jede Richtung. Negative Schwingungen werden vertrieben, positive unterstützt. Alles liegt in deiner Hand, nutze deshalb deine Möglichkeiten!

Kleiner Überblick über die ätherischen Öle mit besonders verführerischer Wirkung

Ingweröl	schenkt Kraft, ist anregend
Jasminöl	beruhigend, stimmungshebend, stärkt das Selbstvertrauen, macht euphorisch
Korianderöl	anregend, weckt die Sinnlichkeit, hilft gegen Depressionen
Majoranöl	beruhigt, nimmt die Angst, macht empfänglich für Romantik
Nelkenöl	wirkt anregend auf die Sinne
Ylang-Ylangöl	besänftigt Zorn und Ärger, hilft zu vergeben

Liebesbad gegen Liebeskummer

Tu dir etwas Gutes, vergiss die Verletzungen, die dir dein Freund zugefügt hat. Lass deinen Tränen ruhig freien Lauf, während du in dieses duftende Badewasser eintauchst. Du wirst erst wieder frei für neue Erfahrungen und vielleicht sogar eine neue Liebe sein, wenn du deinen Liebeskummer überwunden hast. Ein leiser Schmerz wird allerdings auch nach diesem Bad noch für eine Weile bleiben, es braucht Zeit, bis er verschwindet. Doch du wirst wieder nach vorne blicken können. Schließlich gibt es noch so viele Dinge, auf die du dich freuen kannst. Lass den Kopf also nicht hängen.

Was du brauchst:
- *weiße und rosa Nelken*
- *Schaumbad mit Rosmarin*
- *einige Rosmarinstiele*

Nimm sechs weiße Nelken (am Stiel) und streiche damit ganz sacht von Kopf bis Fuß über deinen Körper. Verstärke dabei den Druck unter den Schulterblättern und im Nacken, denn dort sammelt sich oft Kummer, der die Muskeln verhärtet und Schmerzen verursacht. Wiederhole den Vorgang nun mit den sechs rosa Nelken. Lege auch einige Blüten auf deine Haare, schließe die Augen und stelle dir vor, wie die Nelken all deine Sorgen, deine Trauer und Verletztheit aus deinem Körper saugen.

Entspanne dich ganz langsam. Es gibt keinen Grund mehr, an Vergangenem festzuhalten. Breche die Stiele der Nelken durch. Die negativen Energien, die deinen Körper verlassen haben, sind nun in ihnen gefangen, werden mit ihnen verwelken und vergehen.

Atme den Duft des Rosmarins ein. Du kannst ihn verstärken, indem du einige Stiele, die du dir zuvor schon zurecht gelegt hast, ins Wasser gibst. Rosmarin öffnet dein Herz für neue – positive – Erfahrungen.

Baden für eine sinnliche Ausstrahlung

Baden an sich ist ein sehr entspannendes und die Sinne beflügelndes Erlebnis, wie du sicher aus eigener Erfahrung weißt. Du kannst die Wirkung eines Bades aber noch um ein Vielfaches steigern, wenn du die richtigen Zutaten in dein Badewasser träufelst. Die Menschen um dich herum werden sich deiner erotischen Ausstrahlung gar nicht mehr erwehren können. Ohne Frage wird es dir gelingen, den Mann deines Herzens damit zu umgarnen. Lass es einfach auf einen Versuch ankommen.

Was du brauchst:
- *Rosenwasser*
- *frischen Flieder*
- *Meersalz*

Blumen werden in vielen Kulturen für magische Zwecke verwendet. Und auch du kannst dir die Kraft, die in ihnen steckt, zu Nutze machen. Fülle eine Wanne mit warmem Wasser, gib drei Hand voll Meersalz und sechs Esslöffel Rosenwasser hinein. Verteile nun den Flieder im Wasser und lass dich in das duftende Wasser gleiten. Schließe die Augen und streiche mit den Fliederblüten sachte über deine Haut. Stelle dir vor, dass alles Negative, Ablehnung und Widerwillen, deinen Körper verlässt. Auch hier ist es wichtig, dass du die

Stiele des Flieders danach durchbrichst, damit die schädlichen Energien in ihnen gefangen bleiben. Schön und begehrenswert wirst du aus dem Bad steigen, strahlend und unwiderstehlich. Doch Vorsicht: Halte dich nicht länger als maximal zwanzig Minuten in dem Badewasser auf, denn sonst verkehrt sich seine Wirkung ins Gegenteil. Du wirst dich schwach und müde fühlen.

Mein Wohlfühltipp:
Nicht nur, wenn du einen Liebeszauber praktizieren willst, ist ein Bad eine Stätte der Magie. Auch, wenn es ‚lediglich‘ darum geht, dich selbst zu verwöhnen, ist das mit den richtigen Zutaten gar kein Problem. Und schließlich heißt es ja nicht umsonst: Nur wer sich selbst liebt, kann auch lieben. Also verwöhne dich einfach mit ein paar wohl tuend duftenden Bademischungen, die du selbst angefertigt hast. Das erhöht dein Wohlbefinden ungemein!
Ich verrate dir nun meine ganz persönlichen Lieblingsmischungen – sie stammen aus meinem reichen Schatz der Erfahrungen als Hexe und Frau.

Lindenblütenbad

Fülle ein großes Gefäß (es sollten rund zehn Liter hineinpassen) mit Lindenblüten und übergieße diese mit kochendem Wasser. Lass die Mischung mindestens dreizehn Stunden stehen. Dann kannst du den Aufguss in dein Badewasser absieben. Anschließend solltest du zehn bis maximal zwanzig Minuten in dem Badewasser liegen bleiben. Auch dieses Mal nicht länger, sonst wirst du müde und fühlst dich schwach.
Der Duft von Lindenblüten verschafft schöne Träume, verwende deshalb diese Bademischung möglichst abends.

Lavendelblütenbad

Sammle so viele Lavendelblüten, wie du finden kannst. Fülle sie in ein Tuch aus ungefärbter Baumwolle oder Frottee. Binde es gut zu, sodass keine Blüten herausfallen können. Lege dieses Päckchen dann einfach in dein warmes Badewasser. Du wirst merken, wie dich quälende Gedanken verlassen und du dich leicht und unbeschwert fühlst.

Rosenblütenbad

Sammle eine große Menge Rosenblütenblätter. Ganz besonders gut duften Hecken- und Wildrosen. Gebe die Rosenblätter in heißes Badewasser. Noch intensiver riecht das Bad, wenn du zusätzlich einige Tropfen Rosenöl hinzugibst.

Dieses Bad pflegt nicht nur, beruhigt und entspannt – es umhüllt dich auch mit einem verführerischen Duft, der dich unwiderstehlich macht.

Pflege-Kräuterölbad

Sammle zwei Bünde Rosmarin und drei bis vier Zweige Lavendel, Lorbeer (du kannst auch Blätter nehmen), Thymian, Melisse und Salbei. Wenn du nicht alle Kräuter findest, ist das nicht weiter schlimm. Ersetze das Fehlende einfach durch etwas mehr von einem anderen Kraut.

Binde den Rosmarin fest zusammen und gebe ihn in ein Gefäß, in dem sich etwa zwei Liter kaltes Wasser befinden. Koche das Ganze auf und lass es zehn Minuten ziehen.

Binde nun auch die anderen Kräuter zusammen und dünste sie in einem großen Gefäß mit acht bis zehn Esslöffeln Olivenöl leicht an. Lösche dieses Gemisch mit dem Rosmarinsud ab und lass das Ganze mindestens zehn Minuten ziehen.

Gib den Sud nun durch ein Sieb zu deinem Badewasser, das warm, aber nicht heiß sein sollte, damit dein Kräuterbad seine ganze Intensität entwickeln kann. Bleibe so lange in dem angenehmen Nass, wie du dich wohl fühlst und lass deine Gedanken baumeln.

Du wirst feststellen, dass du plötzlich voller Tatendrang und Unternehmungslust bist. Dir kommen die tollsten Ideen, deine Kreativität kennt keine Grenzen.

Erotische Parfüms

Mit Hilfe der ätherischen Öle kannst du jedoch noch mehr machen als nur einen Raum ausräuchern oder etwas für deine Schönheit und dein Wohlbefinden tun: Du kannst ein erotisches Parfüm herstellen. Sogar, wenn du nur ein paar Tropfen davon aufträgst, werden dir die Männer zu Füßen liegen. Weniger ist in diesem Fall jedoch mehr. Dosiere vorsichtig, sonst wirkt der Duft zu penetrant und seine Wirkung wird ins Gegenteil umschlagen.

Was du brauchst:
- *1 EL Zitronenöl*
- *1 EL Patschuli*
- *1 EL Rosenöl*
- *1 Ingwerwurzel*
- *klein geschnittene Korianderblätter*
- *6 EL Alkohol*
- *1 Flasche*

Mische 1 EL Zitronenöl, 1 EL Patschuli und 1 EL Rosenöl miteinander. Reibe ein wenig frische Ingwerwurzel hinein. Gib 6 EL Alkohol und einige klein geschnittene Korianderblätter hinzu. Fülle dein neues Parfüm in eine kleine Flasche und stelle sie an einen dunklen, kühlen Platz. Lass das Ganze ein paar Tage durchziehen, dann ist dein Parfüm fertig. Dosiere am besten mit Hilfe einer Pipette. 2 Tropfen dieser Mischung hinter das Ohrläppchen geträufelt reichen aus: Die Männer werden fasziniert sein und dich umschwirren wie die Motten das Licht.

SETZE DEIN EIGENES ROSENÖL AN

Die Rose gilt schon seit Urzeiten als die Pflanze der Liebe und Rosenöl findet in vielen Liebeszaubern Verwendung. Du kannst es für ein magisches Bad ins warme Wasser sprenkeln, deine Kerzen damit einölen, damit ihre positive Kraft noch stärker wird oder das süß duftende Zauberöl zu Räucherwerk verarbeiten. Den Möglichkeiten sind – fast – keine Grenzen gesetzt.

Was du brauchst:
- *Blütenblätter roter Rosen*
- *kaltgepresstes Olivenöl*

Fülle eine große Flasche mit Olivenöl. Gib dann die Rosenblätter hinzu. Sie müssen alle vom Öl bedeckt werden, dürfen aber nicht zusammengedrückt werden. Verschließe das Gefäß luftdicht und stelle es in die pralle Sonne. Wenn die Blütenblätter allmählich braun werden, ersetze sie durch frische Blätter. Fahre damit so lange fort, bis sich das Öl rosa färbt. Es kann sein, dass du die Rosenblätter zwanzigmal oder sogar öfter wechseln musst. Doch sei gewiss, die Mühe lohnt sich. Das Rosenöl wird dir ungeahnte Dienste leisten.

Setze dein eigenes Rosmarin-Öl an

Auch Rosmarin findest du als Zutat in vielen meiner Liebesrituale. Er öffnet die Seele, hilft Vergangenes loszulassen und hat außerdem eine heilende und entspannende Wirkung. Das sind Gründe genug, um sich an die Zubereitung eines Öls aus diesem Kraut zu begeben.

Was du brauchst:
- *30 g getrockneten oder 45 g frischen Rosmarin*
- *300 ml reines Pflanzenöl*

Hacke das Rosmarinkraut und fülle es zusammen mit dem Öl in ein fest verschließbares Gefäß. Stelle dieses in einen Topf und gieße so viel Wasser darum herum, bis es etwa zweieinhalb Zentimeter unterhalb des Gefäßrandes steht. Lass das Ganze etwa zwei Stunden köcheln. Durch das Wasserbad wird das Öl erhitzt, ohne jedoch durch Kochen zu verderben. Lass die Mischung nach zwei Stunden langsam abkühlen, bevor du sie absiebst. Das Öl hat sich nun grün verfärbt. Du kannst es direkt auf die Haut auftragen oder auch als Badeöl verwenden.

Bäume der Liebe

Die Anbetung der Bäume findet sich in fast allen Religionen und hat eine jahrhundertealte Tradition. Bäume galten lange Zeit als Heimat der Waldgeister und standen für Leben und Unsterblichkeit. So wird in der Mythologie vieler verschiedener Kulturen immer wieder von einem riesigen Lebensbaum berichtet, der die Essenz aller Bäume sei, und dessen Früchte ewiges Leben schenken können. Sogar im Alten Testament gibt es Hinweise auf heilige Haine und Altäre, die darin errichtet wurden.

Und auch heute noch werden den Bäumen magische Kräfte zugesprochen. Nicht umsonst waren und sind Bäume seit jeher ein wichtiger Bestandteil von Volksmedizin und Wahrsagungen. Ihre Wurzeln, Rinden, Blätter, Äste, Samen und Früchte können viele Leiden heilen und bewahren Menschen, Tiere und Häuser vor Bösem und Unglück. Sie verleihen Kräutermischungen und Tränken zusätzliche Stärke und sind ein wichtiger Bestandteil zahlreicher Rituale und Zaubersprüche.

Viele Bäume eignen sich übrigens auch als Kraftquelle, deren Nähe du suchen solltest, wenn du ein besonders schwieriges oder bedeutendes Ritual abhalten willst. Durch ihre Energie wirken sie schützend und verstärkend.

Auch, wenn du deine magischen Fähigkeiten für einen Liebeszauber einsetzen willst, können dir einige Bäume sehr hilfreich sein. Sie besitzen Eigenschaften, die unmittelbar auf die Wirkung deines Zaubers Einfluss nehmen.

Magische Bäume und ihre Eigenschaften

Apfelbaum
In Europa ist der Apfelbaum bekannt als der ‚Baum der Unsterblichkeit durch Weisheit'. Aus seinem Holz werden Stäbe für das Ziehen magischer Kreise gemacht. Die Früchte dieses Baumes eignen sich ideal für Liebes- und Fruchtbarkeitsrituale.

Bambus
Dieser Baum symbolisiert Freundschaft und das heilige Feuer. Sein Holz eignet sich besonders für Rituale der Mondmagie.

Berglorbeer
Der Berglorbeerbaum ist ein Symbol für Wiederauferstehung und wird bei Ritualen zur Heilung, Wahrsagung und Traummagie verwendet. Den Blättern dieses Baumes wird nachgesagt, dass sie vor bösen Gedanken, Verwünschungen und Schicksalsschlägen schützen.

Birke
Die Birke steht für Wiedergeburt, bedeutende Wendungen und das Wiederaufleben einer längst für beendet gehaltenen Liebesbeziehung. Die Birke steht für Weiterentwicklung und Neuanfang auch in Herzensangelegenheiten.

Eberesche
Die Eberesche galt im Mittelalter als Schutz gegen Zauberei und böse Geister. Heute werden die getrockneten Beeren zermahlen und daraus Räucherwerk hergestellt. Ebereschenblätter finden in der Liebeswahrsagerei sowie allen Ritualen, bei denen Fantasie und Vorstellungskraft gefragt sind, Verwendung.

Eiche

Die Eiche ist ein Baum mit vielen zauberhaften Fähigkeiten. Ihre Blätter sollen heilen und Stärke wiederherstellen. Die Rinde eignet sich bestens, um magisches Räucherwerk herzustellen, das die Sinne benebelt und die Liebe wachsen lässt.

Feigenbaum

Der Feigenbaum ist ein Symbol für Frieden und Überfluss. In seinem Schatten sollen Geister wohnen. Seine Rinde und Früchte werden sowohl in der Magie als auch in der Volksmedizin verwendet, um verschiedene Leiden und Krankheiten zu behandeln. Besonders für Fruchtbarkeitsrituale ist dieser Baum geeignet, aber auch, wenn du eine fast schon eingeschlafene Liebe zu neuem Leben erwecken willst.

Haselnuss

Die Haselnuss wurde schon immer mit Hexen und Magie in Verbindung gebracht und der Name ‚Zaubernuss' hat sich bis heute erhalten. Der Haselnussbaum ist bekannt als der ‚Baum der Weisheit' und wird in magischen Zaubern für Unsterblichkeit, Schutz und Heilung verwendet. Haselnussruten sollen wahrsagerische Eigenschaften besitzen und wurden lange Zeit von Rutengängern verwendet. Sie werden auch häufig für Zauberstäbe gebraucht.

Holunder

Der Holunder ist ein Baum, der vor allem an Fluss- und Seeufern wächst. In vielen Kulturen wird er mit Hexen und Magie in Verbindung gebracht. Aus den glänzenden schwarzen Beeren lässt sich ein guter Wein keltern, und aus den Blüten ein beruhigender Tee bereiten. Holunder wird von Hexen als Aphrodisiakum verwendet und findet Verwendung als magische Zutat bei vielen Zaubern, die Liebe, Schutz und Wohlstand herbeiführen sollen.

Kiefer

Der Baum und seine Zapfen symbolisieren Leben, Unsterblichkeit und Treue. Kiefernräucherwerk wird häufig bei Reinigungsritualen angewandt, zum Beispiel, wenn es darum geht, nach einer Trennung schlechte Energien zu vertreiben oder eine Enttäuschung zu verkraften.

Kirschbaum
Kirschen werden häufig für Liebeszauber, aber auch in der Heilungsmagie eingesetzt. Sie unterstützen die Wirkung von Aphrodisiaka
und Liebestränken. Die Blüten dieses Baumes eignen sich unter anderem hervorragend für die Herstellung erotischer Parfüms und Öle.

Linde
In Deutschland galt die Linde lange als heiliger Baum. Sie soll die
magische Macht besitzen, in einen Zauberschlaf zu versetzen, der
einen Blick in die Zukunft erlaubt und Antworten liefert auf Fragen
in Sachen Liebe.

Lorbeerbaum
Der Lorbeerbaum ist ein Symbol für Unsterblichkeit, Sieg und Frieden. Er soll Hexen zu Visionen und Orakeln verhelfen. Der Lorbeer
spielt bei allen Arten der Liebesmagie, der Wunschmagie und der
Heilungsmagie eine bedeutende Rolle.

Myrte
Die Myrte ist ein immergrüner Baum, der für Liebe und dauerhafte
Beziehungen steht. Sie symbolisiert gleichermaßen Unsterblichkeit
wie auch Wiederauferstehung und soll dabei helfen, eine Liebe lebendig zu halten und ihr wieder neuen Schwung zu geben. Der Myrte
wird nachgesagt, sie könne Leidenschaft wecken und Glück anziehen.

Olivenbaum
Der Olivenbaum und seine Früchte sind ein Symbol für Frieden
und göttlichen Segen. Sie werden bei Heilungszaubern, Liebesmagie und Fruchtbarkeitsriten verwendet. Olivenöl dient nicht nur
zum Einsalben von Altarkerzen, sondern auch als Grundstoff für
verführerische Badeöle und Essenzen.

Orangenbaum
Der Orangenbaum ist ein Symbol für ewige Liebe, Keuschheit und
Reinheit. Seine Blüten wurden früher als Brautschmuck getragen
und sind bei jeder Art der Liebesmagie wirkungsvoll. Aus den
Früchten, aber auch aus den Blüten dieses Baumes, lassen sich be-
törende Duft- und Badeöle herstellen, die erfrischend und belebend
wirken.

Weide

In Nordeuropa war die Weide so stark mit dem alten Glauben verbunden, dass sogar das Wort ‚Witch' (die englische Bezeichnung für ‚Hexe') vom alten Wort ‚Willow' (englisch für Weide) abgeleitet wurde. Hexen betrachten die Weide auch heute noch als heiligen Baum, weil sie in vielerlei Weise hilfreich für die Ausübung von Magie ist. Aus dem Holz lassen sich Stäbe für Heilungsrituale und Talismane machen. Die Weide steht für Schutz und Genesung von negativen Eigenschaften oder Schwingungen.

Zypresse

Die Zypresse ist ein Symbol für die unsterbliche Seele, aber auch für Abschied und Trauer. Früher wurden die Samen gegessen, um Stärke und Gesundheit zu erlangen. Und die Zypresse hilft nicht nur bei körperlichen Gebrechen, sondern auch, wenn es um Leiden des Herzens, wie zum Beispiel Liebeskummer, geht.

TRAUM-
MAGIE

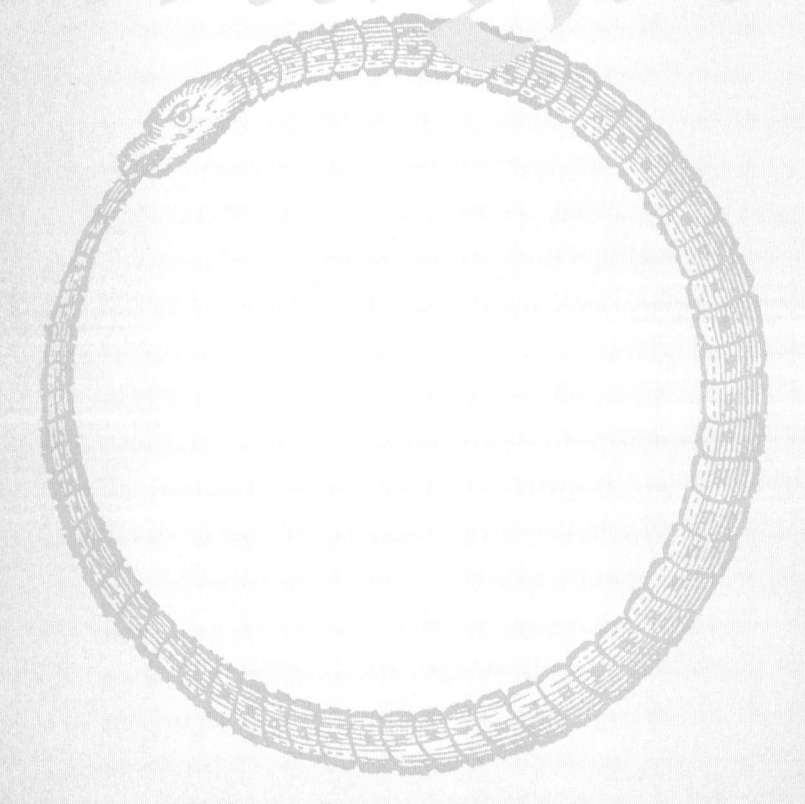

Traummagie ist so alt wie die Menschheit und hat schon immer eine wichtige Rolle in der Hexenkunst gespielt. Träume gelten nicht nur als Spiegel unserer geheimen Gedanken, Ängste oder Sehnsüchte, sondern liefern nicht selten ein zuverlässiges Orakel. Träume können uns zuverlässige Zeichen und Hinweise darauf geben, was in der Zukunft geschehen wird, sie sind Prophezeiungen, die wir nur richtig zu deuten wissen müssen. Das ist allerdings nicht immer ganz einfach, denn dafür braucht es einiges magisches Grundwissen und sehr viel Fingerspitzengefühl. Oft sprechen Träume außerdem nicht direkt zu uns, sondern durch Symbole, die es zu entschlüsseln gilt. Hilfreich ist es deshalb, wenn du dich mit Traummagie befassen willst, immer ein Heft und einen Stift neben deinem Bett liegen zu haben. Dann kannst du sofort nach dem Aufwachen notieren, was du geträumt hast. Du wirst dich wundern, wie schnell die Erinnerung daran ansonsten verblasst. Wenn du dieses ‚Traumbuch‘ über einige Wochen oder Monate führst, solltest du nach wiederkehrenden Mustern und Symbolen suchen und diese mit Hilfe eines so genannten Traumlexikons deuten (gibt es in Bibliotheken und Buchhandlungen).

Viele Träume prophetischer Natur können allerdings auch willentlich herbeigeführt werden – und zwar durch magischen Zauber, Rituale oder gar durch extra dafür zubereitete Kräutertränke. Wenn du zum Beispiel wissen willst, wie deine zukünftige Liebe aussieht, dann schaue doch einfach unter meinen Liebeszaubersprüchen nach – dort habe ich ein sehr wirkungsvolles Ritual beschrieben, wie du genau dies erreichen kannst.

Du kannst aber auch, um einen allgemeinen prophetischen Traum über den Mann deines Herzens herbeizuführen, einen weiteren ganz simplen Trick anwenden. Lege einfach in einer Vollmondnacht die Tarot-Karte ‚Die Liebenden‘ unter dein Kopfkissen. Vielleicht wirst du deinen Liebsten danach nicht seinem Äußeren nach erkennen können, aber du wirst in sein Herz sehen und spüren, wie seine Gedanken, seine Charaktereigenschaften sind. Und das ist schließlich das Wichtigste.

Folgende Kräuter eignen sich für magische Traumkissen und werden für das Herbeiführen prophetischer Träume verwendet: Anis, Beifuß, Efeu, Eisenkraut, Gänseblümchen, Hopfen, Johanniskraut, Mistel, Pfefferminze, Ringelblume, Rose, Schafgarbe, Wermut, Zimt und Zwiebel.

DEIN TRAUMKISSEN

Wenn du weißt, welche Kräuter du verwenden musst, kannst du dir dein eigenes Traumkissen nähen. Es sollte nicht mehr als elf mal elf Zentimeter groß sein, damit es gut unter dein Kopfkissen passt. Wichtig ist, dass du ungefärbten Stoff und reine Naturfasern verwendest. Am besten eignen sich Leinen oder Seide.

Wenn dich eine drängende Frage zu deinem Liebesleben quält, auf die du dir in deinen Träumen eine Antwort erhoffst, dann warte bis zum nächsten Vollmond ab. Denn am wirkungsvollsten ist dein Zauber, wenn du die Kräuter, die in dein Kissen hinein sollen, bei Vollmond pflückst. Sollte dies nicht möglich sein, kannst du notfalls aber auch auf getrocknete Kräuter zurückgreifen.

Was du brauchst:
- *2 quadratische Stoffstücke*
- *3–7 Kräutersorten*
- *Weihrauchöl*
- *1 rosafarbene Kerze*
- *1 rote Kerze*
- *1 weiße Kerze*
- *1 Streichholz*
- *1 roten Faden*
- *1 Nähnadel*
- *3–7 Porzellanschälchen*

Wähle höchstens sieben, mindestens jedoch drei Kräutersorten aus der eben genannten Liste der Kräuter, die sich für prophetische Träume besonders eignen. Ich empfehle dir aber auf jeden Fall Rosmarin und Salbei dabei zu haben. Verteile jede Sorte auf jeweils ein Ton- oder Porzellanschälchen. Weihe deine Kräuter mit ein paar Tropfen Weihrauchöl und sprich folgende Worte dabei:

> *Ich weihe dich der Erkenntnis,*
> *Die im Schlafe kommt.*
> *Lass mich sehen können,*
> *Was ich noch nicht*
> *Mit eigenen Augen erkennen kann.*

Nähe zwei quadratische Stoffstücke mit einem roten Faden an drei Seiten fest zusammen. Wenn du damit fertig bist, zünde eine rosafarbene, eine rote und eine weiße Kerze in genau dieser Reihenfolge mit einem (wichtig: nur mit einem) Streichholz an. Stelle sie dann im Dreieck um den Stoffbeutel herum auf. Links muss die rosafarbene Kerze stehen, über dem Stoff die weiße und rechts die rote. Verneige dich kurz und sprich folgende Worte:

> *Ich will annehmen die Bilder,*
> *Die du mir schickst,*
> *In Dankbarkeit und Freude.*
> *Und dich behandeln mit Respekt und Achtung.*

Fülle nun die Kräuter in den Stoffbeutel, beträufel ihn noch einmal mit Weihrauch und nähe ihn dann vollständig zu. Lösche die Kerzen und achte darauf, dass kein Wachs dein Traumkissen berührt. Schon bald werden deine Träume eine deutliche Sprache sprechen.

DEIN TRAUMFÄNGER

Traumfänger sind dazu da, deinen Schlaf zu beschützen und deine Träume zu bewachen. Du kannst mit ihrer Hilfe sogar prophetische Träume anziehen. Allerdings musst du, um einen Traumfänger zu basteln, etwas handwerkliches Geschick besitzen.

Was du brauchst:
- *1–2 Weidenzweige*
- *Lederreste*
- *Zwirn*
- *1 Eimer*
- *Federn und andere schmückende Gegenstände*

Suche dir im Frühjahr eine Weide und schneide einen etwa einen Meter langen, möglichst geraden Ast ab. Leg ihn für mindestens vierundzwanzig Stunden ins Wasser, am besten in die Badewanne, damit er geschmeidig wird und nicht so schnell bricht.

Forme nun aus dem Weidenzweig einen Kreis und binde ihn so zusammen, dass die beiden Enden fest übereinander liegen. Konzentriere dich dabei auf die Frage, auf die du in deinen Träumen gerne eine Antwort finden würdest.

Zum Festbinden der Zweigenden solltest du Lederreste verwenden, die du in lange Streifen schneidest. Du kannst das Leder nass machen, beim Trocknen zieht es sich wieder zusammen. Lass deinen Kreis gut trocknen, so erhältst du ein perfektes Rund.

Für das Geflecht, das wie ein Netz aussieht und das du nun, ausgehend von dem Weidenkreis, anfertigen wirst, verwendest du am besten Zwirn (kannst du in jedem Laden, wo es Nähzubehör gibt, kaufen).

Umrunde den Holzkreis mit lockeren Schlingen, lass zwischen den einzelnen Schlingen den Zwirn locker hängen. In diese Zwischenräume werden die Schlingen der zweiten Reihe gesetzt. In die der zweiten folgen die der dritten und so weiter. Schließlich hast du ein richtiges Netz geflochten, wie bei einem Tennisschläger. Es muss allerdings locker sein, die Fäden dürfen nicht zu fest zusammengezogen sein. Wenn du in der Mitte, also am Ende, angekommen bist, verknote den Faden gründlich.

Umwinde diese Stelle mit etwas Leder und befestige darunter eine Schlaufe, an der du ein paar Dinge aufhängen kannst, Federn zum Beispiel.

Du kannst deinen Traumfänger nun an die Tür deines Zimmers oder direkt über dein Bett hängen, wo er dich vor bösen Träumen beschützen und dir Träume verschaffen wird, die dir die Antworten auf deine Fragen geben.

Es ist übrigens überhaupt nicht schlimm, wenn dein kleines Kunstwerk nicht ganz perfekt aussieht. Viel wichtiger ist, dass du es mit den richtigen Gedanken und einer guten Konzentration erstellt hast. Natürlich kannst du einen Traumfänger auch in einem Laden kaufen. Doch diese sind nicht nur teuer, sondern auch längst nicht so wirkungsvoll wie selbst gemachte. Ein gekaufter Traumfänger besitzt nur allgemeine Energie, ist also nicht auf dich und deinen Herzenswunsch zugeschnitten.

Ein kleiner Tipp:
Wenn du möchtest, kannst du einzelne Steine, Muscheln, Federn oder Gegenstände, die dir besonders am Herzen liegen, mit in das Netz einweben. Das macht deinen Traumfänger noch persönlicher.

ORAKEL-
DER BLICK
IN DEINE
LIEBES-
ZUKUNFT

Ein Orakel ist etwas grundsätzlich anderes als ein Liebeszauber. Es ist die Befragung deines Schicksals nach Dingen, die dich sehr beschäftigen. Du nimmst die Antwort hin und akzeptierst sie.

Bei einem Liebeszauber hingegen unternimmst du gezielte Anstrengungen, um etwas zu erreichen. Wahrscheinlich hast du zuvor schon andere Möglichkeiten ausprobiert, bevor du den Weg der Magie beschritten hast, um deine Wünsche in die Tat umzusetzen. Dennoch sind Orakel durchaus sinnvoll und hilfreich. Und wer möchte schließlich nicht einfach mal einen kleinen Blick in die Zukunft werfen!

Generell kannst du zwischen aktiven und passiven Orakeln wählen. Die passiven stammen meist aus früheren Zeiten und sind in ihrer Auslegung beinahe beliebig. Mit ein bisschen Fantasie lässt sich fast jede Antwort in sie hineininterpretieren. Oder aber die Antworten ergeben sich derart willkürlich, dass ihr Wahrheitsgehalt sehr zweifelhaft ist. Sehr beliebt war es früher zum Beispiel, sich eine Frage zu stellen, etwa ‚Liebt er mich?' oder ‚Werde ich mit ihm zusammenkommen?' Dann lief die Person, die darauf eine Antwort suchte, durch die Straßen und das erste ‚Ja' oder ‚Nein', das sie hörte, gab den Ausschlag.

Wahrscheinlich war dies ähnlich aufschlussreich wie das berühmte Gänseblümchenblätter-Zupfen mit einem ‚Er liebt mich, er liebt mich nicht' auf den Lippen. Ebenso kannst du bei jedem Gänseblümchenblatt natürlich auch einen Namen nennen, der von Blatt zu Blatt wechselt. Nach und nach fallen sie dem Zupfen zum Opfer – was besonders sinnvoll ist, wenn du dich nicht recht zwischen mehreren Verehrern entscheiden kannst.

Nahezu jede beliebige Frage ist bei einem solchen passiven Orakel möglich, doch die Antwort wirkt irgendwie nicht recht überzeugend. Aber das ist natürlich – wie so vieles – eine Frage des Glaubens. Wenn du dich darauf nicht wirklich einlassen willst, weil die Antwort deines Orakels vielleicht sogar eine konkrete Handlung oder Konsequenz von dir verlangt, so kannst du einiges tun, um die Aussage des Orakels zusätzlich abzusichern und somit zuverlässiger zu machen. Bevor du irgendwelche Risiken eingehst, kann ich dir nur dazu raten.

Damit bin ich bei den aktiven Orakeln angelangt. Um durch sie eine Antwort zu bekommen, brauchst du Hilfsmittel – ähnlich wie beim Liebeszauber – die unmittelbar mit der Person, über die du etwas in Erfahrung bringen willst, in Zusammenhang stehen. Das kann zum Beispiel ein Haar sein. Wenn du dieses Haar zwischen Daumen und Zeigefinger vorsichtig über eine rosafarbene Liebeskerze hältst, das Haar sich aber nicht bewegt, empfindet der Mann deines Herzens leider nichts für dich. Du solltest versuchen, ihn zu vergessen, denn aus euch wird niemals ein Paar. Beginnt das Haar jedoch, langsam hin und her zu schweben, sich vielleicht sogar leicht zu kräuseln, hast du eine Chance. Es liegt an dir sie zu nutzen.

Wenn ein Orakel nicht das von dir gewünschte Ergebnis gezeigt hat, kann das mehrere Gründe haben. Es kann sein, dass du tatsächlich einer Verbindung nachhängst, die keine Zukunft hat, einem Jungen hinterherläufst, der dich nicht liebt und der deine tiefen Gefühle deshalb gar nicht verdient hat. Es kann aber auch sein, dass du das Orakel nicht mit der notwendigen Konzentration und Feierlichkeit, mit dem nötigen Respekt vor den Elementen oder der Magie durchgeführt hast. Denn auch Orakel bedürfen einer ähnlichen Sorgfalt und Ernsthaftigkeit wie Liebeszauber.

7-Steine Liebes-Orakel

Dies ist eines meiner Lieblingsorakel. Es ist nicht nur sehr zuverlässig, sondern macht auch noch richtig Spaß. Außerdem ist es nicht sehr kompliziert. Die Hilfsmittel, die du brauchst, um dieses Ritual durchzuführen, sind nicht schwer zu bekommen. Allerdings solltest du dir etwas Zeit nehmen dafür.

Was du brauchst:
- *7 Steine (es können ruhig Kieselsteine sein, die du irgendwo gefunden hast)*
- *1 quadratisches weißes Stück Stoff*
- *2 quadratische rosafarbene Stücke Stoff*
- *1 dicken roten Filzstift*
- *1 Blatt Papier*

Zeichne auf jedes der Stoffstücke einen Kreis. Du kannst ein Glas oder einen anderen runden Gegenstand dafür zu Hilfe nehmen. Ziehe dann durch seine Mitte eine gerade Linie. Konzentriere dich. Stelle, während du den Kreis auf das weiße Stück Stoff ziehst, eine

Frage zu einer bereits bestehenden Freundschaft. Während du den Kreis auf die beiden rosafarbenen Stoffstücke zeichnest, stelle jeweils eine Frage zu Liebesbeziehungen, die in der Zukunft liegen. Werfe nun dreimal alle sieben Steine gleichzeitig, zuerst auf den weißen Stoff und dann nacheinander auf die beiden rosafarbenen Stücke. Liegen mehr Steine auf der oberen Hälfte des Kreises, ziehe auf deinem Blatt Papier eine durchgehende Linie. Liegen mehr Steine auf der unteren Hälfte, zeichne eine durchbrochene Linie auf deinen Zettel.

Die Auswertung

Du hast dreimal eine durchgehende Linie gezogen:
Die durchgezogene Linie steht für Erfolg. Die Dinge entwickeln sich ganz so, wie du es dir wünschst. Habe keine Angst und geh auf die Dinge zu. Stehe zu deinen Gefühlen!

Du hast dreimal eine durchbrochene Linie gezogen:
Du bist noch nicht ganz sicher, was du willst. Aber deine Chancen stehen gut, dass du glücklich wirst. Allerdings gibt es noch ein paar kleinere Probleme aus dem Weg zu räumen. Vielleicht hilft es dir, mit einer Freundin darüber zu reden. Ein bisschen Unterstützung kannst du brauchen!

Du hast zweimal eine durchbrochene und einmal eine durchgehende Linie gezogen:
Hüte dich vor Tratsch und dem, was andere sagen. Nicht alle Menschen wünschen dir nur das Beste. Du allein musst deine Entscheidungen treffen, das kann dir niemand abnehmen – und das ist auch gut so. Übernehme die Verantwortung für dich und deine Gefühle. Und vor allen Dingen: Sei ehrlich! Dann wirst du dich schon bald über eine gute Nachricht freuen können!

Du hast zweimal eine durchgezogene und einmal eine durchbrochene Linie gezogen:
Denke noch einmal über eine Entscheidung nach. Sie ist zu weit reichend, als dass du sie leichtfertig treffen solltest. Vertraue auf deine innere Stimme, sie wird dir den richtigen Weg weisen. Warte ein wenig ab, dann wirst du bald einige Dinge verstehen, die dir zuvor noch ein Rätsel waren. Du wirst froh sein, nicht überstürzt gehandelt zu haben.

Verstärke deine magische Kraft mit einem Talisman

Schon seit Urzeiten tragen die Menschen Gegenstände bei sich, denen sie magische Eigenschaften zuschreiben. Talismane sind ein wichtiger Bereich des Liebeszaubers. Der Talisman ist ein Gegenstand, der auf seinen Träger einen ganz bestimmten und durchaus gewünschten Einfluss ausübt. Er enthält meist entsprechende Symbole und Inschriften und sollte auf jeden Fall zusätzlich magisch geladen oder geweiht werden. Ein Talisman verstärkt, wenn du ihn trägst, bestimmte positive Eigenschaften oder dient zur Anziehung erwünschter Fähigkeiten. Im Gegensatz hierzu steht ein Amulett, das zur Abwehr negativer Einflüsse und zum Schutz gegen Unglück, Leid und Krankheit dient.

REINIGEN EINES TALISMANS

Jeder Talisman, egal, aus welchem Material er besteht, muss, bevor die entsprechende Ladung (Ausrichtung auf eine bestimmte Fähigkeit) vorgenommen wird, von allen Energien befreit werden, die ihm noch anhaften. Das ist ganz einfach. Am wirkungsvollsten ist die Reinigung, wenn du ein Glas mit kaltem Wasser füllst und deinen Talisman vorsichtig hineintauchst (mindestens 30 Minuten). Halte ihn aber unbedingt die ganze Zeit fest und konzentriere dich darauf, dass das Wasser ihm alle schlechten Einflüsse entziehen soll. Horche in dich hinein. Wenn du das Gefühl hast, dass dein Talisman nun rein und unbelastet ist, kannst du ihn wieder aus dem Wasser nehmen. Trockne ihn sorgfältig ab. Du kannst sicher sein, dass er nun bereit ist, die Kräfte aufzunehmen, die du ihm verleihen willst.

Laden eines Talismans

Umfasse deinen Talisman fest mit der ganzen Hand. Schließe die Augen und konzentriere dich mit Willenskraft, festem Glauben und Vertrauen in deine magischen Kräfte auf die Fähigkeit, die dein Talisman besitzen soll. Dies kann zum Beispiel sein: Liebe bewirken, Liebe erhalten, dich verführerisch und unwiderstehlich machen. Terminiere die Wirksamkeit deines Wunsches, ob er nur für eine gewisse Zeit oder dauerhaft bestehen soll. Du kannst die Intensität und Kraft deines Talismans verstärken, indem du die Ladung mehrmals wiederholst. Trage ihn stets bei dir, am besten direkt über deinem Herzen. So spürst du ihn immer und kannst dich hundertprozentig auf seine Fähigkeiten verlassen.

Als Talismane eignen sich besonders Steine oder aber Metallanhänger aus Gold, Silber oder Kupfer. Sie sind haltbar und haben eine lange Lebensdauer. Außerdem besitzen sie sehr viel Energie. Du kannst aber auch Steine und Metall kombinieren. Deinen Talisman solltest du an einem Lederband um den Hals tragen. Die Nähe zum Herzen verstärkt die enge Bindung an deine Person.

Ein Liebes-Gürtel

zum Selbermachen

Er verleiht dir magische Kräfte und schenkt dir Liebesglück, wenn du den Mann deiner Träume bereits gefunden hast. Um diesen Gürtel herzustellen, brauchst du ein wenig Geschick und zwei Zutaten, die für dich vielleicht nicht ganz einfach zu beschaffen sind, aber sie sind unerlässlich. Trenne dich von einigen deiner Haare. Und auch von deinem Liebsten brauchst du ein paar. Die restlichen Zutaten sind erheblich einfacher zu bekommen: Du brauchst noch Wolle, Seidenfäden oder Lederbänder. Was du davon auswählst, hängt allein von deinem persönlichen Geschmack ab. Ein paar dekorative Gegenstände, die du als Glücksbringer verwendest, machen das Ganze perfekt. Das können Muscheln, Steine, Federn, Münzen, Glas- und Emailplättchen oder bunte Bänder sein. Nun musst du nur noch warten, bis Vollmond ist, denn dann erst entfaltet der Zauber seine ganze Magie. Flicht die Haarsträhnen mit der Wolle (oder was auch immer du gewählt hast) zusammen und verknote die Enden sorgfältig. Flicht nun die übrigen Bänder (oder die Wolle etc.), die du noch hast, zu einem Zopf zusammen und schlinge in der Mitte nun die Stücke mit den Haaren hindurch. Damit die Enden nicht immer wieder herausrutschen können, beschwere sie mit einem oder mehreren deiner Glücksbringer. Nun ist dein Liebesgürtel fertig. Bevor du ihn das erste Mal trägst, solltest du noch ein paar Tropfen eines Duftöls darauf träufeln – und du wirst sehen, du bist einfach unwiderstehlich. Dein Freund wird nicht im Traum daran denken, dich jemals wieder zu verlassen!

Deine eigene Zauber-kugel zur Aufrecht-erhaltung der Liebe

Zauberkugeln kannst du für viele magische Rituale und Zwecke verwenden und auch in Liebesdingen sind sie sehr hilfreich. Sie sollten nicht wesentlich größer als eine Murmel sein, denn es ist sinnvoll, dass du sie immer bei dir trägst.

Was du brauchst:
- *eine mit Rosenöl eingeriebene rote Kerze*
- *Rosenblüten*
- *Eisenkraut*
- *Lavendel*
- *Rosmarin*
- *einen Ladestein*
- *einen weißen Porzellanteller*
- *etwas, das deinem Freund gehört, zum Beispiel eine Haarsträhne oder ein Stückchen Stoff von seinem Lieblings-T-Shirt*
- *wenn du willst etwas Liebesräucherwerk*

Stelle den Porzellanteller auf deinen Liebesaltar, lege alle genannten Dinge darauf und lade sie für anhaltende Liebe. Nimm nun die Kerze herunter und zünde sie an. Kleiner Tipp: Dafür solltest du auf jeden Fall Streichhölzer verwenden, kein Feuerzeug. Beträufle alle Zutaten mit Wachs und denke ganz fest an deinen Wunsch. Sprich dabei folgende Worte:

> *Unsere Liebe möge bleiben*
> *Wachsen und uns Glück bringen*
> *Auf dass sie nie vergehe*
> *Lebendig und tief und beständig sei.*

Wenn das Wachs fest zu werden beginnt, nimm die ganze Masse vom Teller und rolle sie zwischen deinen Händen zu einer Kugel. Lass weiter Wachs darauf tropfen und verteile es auf der Kugel. Deine Kugel sollte schließlich eine möglichst glatte Oberfläche aufweisen.
Trage die Kugel immer bei dir. So wird sie dich jederzeit an deinen Wunsch erinnern – und daran, dass auch du deinen Teil dazu beitragen musst, damit die Liebe nicht erkaltet.

STELLE DEINEN EIGENEN LIEBES-TRANK HER

Eigentlich ist es gar nicht so schwer, einen Liebestrank zu brauen. Seine Herstellung verlangt jedoch ein wenig Zeit und große Sorgfalt. Ist er aber erst einmal fertig, solltest du ihn in ein kleines Fläschchen füllen und in einem geeigneten Augenblick deinem Angebeteten heimlich in ein Getränk mixen. Du kannst ihm damit nicht schaden, auch Übelkeit wird er keine verspüren, aber er wird dich plötzlich mit ganz anderen Augen sehen und seinen Blick nicht mehr von dir losreißen können. Wenn du es richtig anstellst, wird dies der Beginn einer wunderbaren Freundschaft sein oder aber einer großen Liebe ...

LIEBESTRANK, UM IHN ZU BETÖREN

Dies ist einer meiner Lieblingszaubertränke. Ich habe ihn schon oft verwendet und war jedes Mal mit dem Ergebnis mehr als zufrieden. Und nicht nur ich: Auch der Mann meines Herzens war hin und weg, ganz so, wie es auch sein sollte. Ich wünsche dir bei deinem magischen Ritual ebenso viel Erfolg.

Was du brauchst:
- *1 Prise Salz*
- *13 Apfelkerne*
- *1 TL Honig*
- *1/4 Liter Rotwein*

Vermische das Salz, die Apfelkerne und den Honig. Zerstoße die Apfelkerne und verrühre sie mit den übrigen Zutaten. Nun musst du noch den Rotwein hinzugeben. Koche die Mixtur unter ständigem Rühren vorsichtig auf und zwar so lange, bis nur noch die Hälfte der Flüssigkeit übrig ist. Lass sie langsam abkühlen und gebe sie dann in eine kleine Flasche, die du luftdicht verschließen kannst. Dein Liebestrank ist nun fertig. Du kannst ihn dem Mann deiner Träume in ein – möglichst – süßes Getränk mischen – und du wirst sehen, es ist um sein Herz geschehen.

LIEBESWEIN FÜR EINEN ROMANTISCHEN ABEND ZU ZWEIT

Natürlich brauchst du für dieses Unterfangen keinen echten Wein, ganz im Gegenteil, Alkohol ist in Liebesangelegenheiten alles andere als nützlich. Dunkler Traubensaft oder schwarzer Johannisbeersaft erfüllt deine Zwecke viel besser.

Wenn du dich an diesem Abend mit dem Mann deiner Träume verabredet hast, brauchst du überhaupt nicht nervös zu sein. Euer Zusammentreffen wird angenehm und entspannend sein, denn der Liebeswein wird euch die Zunge lösen. Ihr werdet viel über den jeweils anderen erfahren und jeder von euch wird ehrlich sein. Damit ist eine gute Basis für weitere Treffen und den Beginn einer echten Liebesbeziehung geschaffen.

Was du brauchst:
- *1 Flasche Traubensaft*
- *2 EL Basilikum*
- *etwas Rosmarin*
- *1 großes Glas*
- *2 rosafarbene Kerzen*
- *1 Sieb*

Lass die Kräuter einen Tag lang in dem Saft ziehen. Bitte an diesem Tag von Zeit zu Zeit darum, dass dein Liebeswunsch in Erfüllung geht. Gieße am nächsten Tag den Saft ab, am besten durch ein Sieb, damit du die Kräuter auffängst.

Vergrabe die Kräuter in einem Blumentopf und bewahre diesen an einem kühlen dunklen Ort (am besten im Keller) auf.

Stelle das Glas vor dich hin, rechts und links davon stellst du jeweils eine rote Kerze auf. Zünde sie an und sprich folgende Worte dabei:

> Öffne das Herz und die Seele füreinander,
> In Ehrlichkeit und Freude.
> Ohne Falschheit oder Hinterlist
> Lass unsere Herzen höher schlagen
> Füreinander und im gleichen Takt.

Gieße etwas Liebeswein in das Glas und nehme einen kleinen Schluck. Konzentriere dich auf dein bevorstehendes Date. Trinke noch am selben Abend den Liebeswein mit deinem Freund. Der Liebestrank wird die erwünschte Wirkung zeigen – und du und dein Freund, ihr werdet sehr glücklich darüber sein.

Magische Begleiter für jeden Tag

Um diese magischen Begleiter herzustellen, brauchst du ein bisschen Fingerspitzengefühl. Aber die Mühe wird sich lohnen, denn ihre Wirkung ist zuverlässig. Du solltest sie immer bei dir tragen, aber so, dass sie nicht für jedermann sichtbar sind. Denn sie sind dein kleines Geheimnis, das dir Kraft gibt, wenn du dich schwach und verletzlich fühlst, das dir wieder neuen Mut gibt, wenn du enttäuscht wurdest und das dich wieder nach vorne schauen lässt.

Diese magischen Begleiter sind, wenn auch nicht durch ihren materiellen Wert, so doch in seelischer und geistiger Hinsicht für dich überaus wertvoll. Du solltest ihre Bedeutung nicht unterschätzen, denn sie werden ein Teil von dir sein. Während du sie herstellst, legst du deine innersten Wünsche und Bedürfnisse in sie hinein. Sie verstärken nicht nur deine magischen Kräfte, sondern bewahren dich vor negativen Energien und unterstützen positive Schwingungen. Also nimm dir etwas Zeit und verwende große Sorgfalt auf ihre Herstellung.

DER MEDIZINBEUTEL

Der Medizinbeutel hat bereits eine jahrhundertealte Tradition, die kleinen Täschchen sind in der ganzen Welt bekannt. Die nordamerikanischen Indianer kannten sie ebenso wie die keltischen Druiden und Barden. Sie alle trugen kleine Beutel bei sich, in denen sie allerlei aufbewahrten.

Du kannst dafür einen Lederbeutel nehmen, es kann aber auch ein Beutel aus Leinen, Seide oder Baumwolle sein. Das Material sollte in jedem Fall ungefärbt und luftdurchlässig sein. Der Beutel darf nur so groß sein, dass du ihn bequem in deiner Hosentasche verstauen kannst. In ihn hinein legst du die Dinge, die du als die wichtigsten Bestandteile deiner Rituale und Übungen kennen gelernt hast. Natürlich kannst du keine großen Sachen in deinem Medizinbeutel verstauen. Eine Kerze zum Beispiel passt sicher nicht hinein. Aber es reicht vollkommen aus, stattdessen etwas Wachs in der entsprechenden Farbe hineinzugeben.

Anfangs ist es sicher schwierig auszuwählen, was du in deinem Medizinbeutel aufbewahren möchtest, weil du noch unsicher bist, welche Dinge für dich wirklich wichtig sind und hinein gehören. Du neigst wahrscheinlich dazu, ihn viel zu voll zu packen. Doch keine Sorge, schon bald wirst du immer mehr Dinge herausnehmen, die du gar nicht wirklich brauchst. Beinahe wie von selbst werden nur noch deine wirklichen Kleinode übrig bleiben.

Doch bevor es so weit ist und dein ständiger Begleiter wirklich ganz auf dich und deine Person zugeschnitten ist, hier ein paar Tipps für den Anfang. Damit kannst du garantiert nichts falsch machen.

Folgende Zutaten sind zunächst unentbehrlich:
- *Ein kleiner Halbedelstein, der entweder für die Dinge stehen soll, die du schon erreicht hast oder einer, der hilft, Fähigkeiten zu entwickeln, die du in der Zukunft anstrebst*
- *zwei Kräuter, die für dich eine besondere Bedeutung haben*
- *etwas Erde von dem Ort, an dem du wohnst*

Lege diese Zutaten auf deinen Altar und lass sie mindestens eine Nacht lang vom Vollmond bescheinen. Erst dann solltest du sie in deinen Beutel tun. Nähe ihn zu, damit nichts von der magischen Energie darin verloren geht. Der Faden, den du dafür wählst, sollte stabil sein und muss zum Inhalt passen. Am besten ist es, wenn du Zwirn verwendest. Wenn dein Medizinbeutel etwas mit deinem Liebesleben zu tun haben soll, wähle einen roten Faden. Nimm den kleinen Beutel zwischen die Hände und konzentriere dich darauf, wie die einzelnen Dinge darin miteinander verbunden sind und sich gegenseitig verstärken. Wichtig ist, dass du deinen Medizinbeutel immer bei dir trägst. Wenn du schlafen gehst, solltest du ihn unter dein Bett oder das Kopfkissen legen.

Hat dein Medizinbeutel seinen Zweck erfüllt, das heißt, wenn du erreicht hast, wofür du ihn angefertigt hast, gibt es verschiedene Möglichkeiten, seine Kraft wieder aufzulösen. Halte ihn unter fließendes kaltes Wasser, bis du spürst, dass er seine magische Kraft verloren hat. Du kannst ihn aber auch eingraben oder verbrennen.

DIE WUNSCHKORDEL

Du brauchst Wollreste, Lederbänder und schmale lange Stoffstücke. Außerdem solltest du Dinge suchen, mit denen du deine Wunschkordel schmücken kannst. Das können Steine und Muscheln mit Löchern sein, aber auch Federn oder andere Gegenstände, an denen dein Herz hängt.

Wenn du genügend Einzelteile beisammen hast, kannst du mit dem Flechten beginnen. Nimm dazu die einzelnen Stränge, verknote sie und flicht dann. Konzentriere dich dabei ganz fest auf deinen Wunsch.

Hänge das Geflecht mit einem Nagel an die Wand. Nach frühestens drei, besser jedoch erst nach sieben Tagen, solltest du damit beginnen, die erste Muschel oder den ersten Stein hineinzuflechten. Fahre damit Tag für Tag fort, bis du alle deine Schmuckstücke hineingewoben hast. Stelle dir in allen Einzelheiten vor, was die Erfüllung deines Wunsches für dich bedeuten würde, wie du dich fühlen würdest, was sich alles in deinem Leben verändern würde. Hänge dein Wunschgeflecht so lange auf, bis Vollmond ist. Vergrabe es in dieser Nacht in der Nähe deiner Wohnung. Es sollte schließlich mindestens dreizehn Zentimeter unter der Erde verborgen liegen. In die Erde über deiner Wunschkordel setze nun eine Zwiebel. Zunächst wirst du keine Veränderung bemerken. Wenn nach einiger Zeit ein kleiner grüner Keim aus der Erde herauswächst, kannst du sicher sein, dass sich dein Wunsch erfüllen wird.

Kehre nun dem Ort, an dem deine Wunschkordel liegt, für immer den Rücken, komme nie wieder bewusst dorthin zurück. Die Dinge werden ihren Lauf nehmen – genau so, wie du es dir so sehr gewünscht hast.

TAMARAS
SCHLUSSWORT

Ich hoffe, dass ich dir mit meinen Zaubersprüchen und Ritualen helfen konnte und dass deine Wünsche in Erfüllung gehen – eine erfüllte und glückliche Liebe und so wenige Enttäuschungen wie nur möglich, das ist es, was der Mensch im Leben braucht. Doch denke immer daran: Man kann sein Glück nicht erzwingen, denn daraus würde nichts anderes entstehen als Unglück. Deshalb nimm dankbar an, was das Leben dir schenkt und lerne.

Betrachte die Natur und die Elemente mit Respekt und Achtung, behandele sie gut. Sie werden dich zum Dank dafür mit ihrer Energie unterstützen. Du wirst niemals mehr alleine sein!

Noch mehr magische Bücher!

Maria May
Zauberpower
Magische Hexentipps
112 Seiten
ISBN 3-8025-1451-3

Maria May
Astrotipps für Hexen
Was die Sterne über dich und deine
Zukunft verraten
112 Seiten
ISBN 3-8025-1490-4

Yan D'Albert
Das Buch der Magie
Von Abracadabra bis Zauberkräuter
144 Seiten
ISBN 3-8025-2924-3

Maja Sonderbergh
Das Buch der Schatten
112 Seiten
ISBN 3-8025-2850-6

Maja Sonderbergh
Das Buch der Zaubersprüche
112 Seiten
ISBN 3-8025-2493-4

Maja Sonderbergh
Das Buch der Zaubertränke
112 Seiten
ISBN 3-8025-2952-9

www.vgs.de

Lieber ein gutes Buch als im falschen Film.

Mit TV SPIELFILM wissen Sie immer, wann sich das Einschalten lohnt und wann Sie lieber zu Ihrem Lieblingsbuch greifen sollten.

TV SPIELFILM – Nur das Beste sehen